Andrew Wommack

Mehr Gnade, größere Gunst

AF723615

AKTIVIERE DIE UNGEAHNTE
KRAFT DER DEMUT!

MEHR GNADE
GRÖSSERE
GUNST

Andrew Wommack

Grace today
VERLAG

Originally published in the USA by

More Grace More Favor
Copyright © 2020 Andrew Wommack

Die englischsprachige Originalausgabe erschien im Verlag *Harrison House Publishers* unter dem Titel *More Grace More Favor* © 2020 by Andrew Wommack Ministries. This translation of *More Grace More Favor* is published by arrangement with Harrison House. All rights reserved.

Die Deutsche Nationalbibliothek verzeichnet diese Publikation in der Deutschen Nationalbibliografie; detaillierte bibliografische Daten sind im Internet über https://dnb.de abrufbar.

Bibelzitate, sofern nicht anders angegeben, wurden der Schlachter Bibelübersetzung entnommen. Bibeltext der Schlachter, © 2000 Genfer Bibelgesellschaft. Alle Rechte vorbehalten. Alle Bibelübersetzungen wurden mit freundlicher Genehmigung der Verlage verwendet. Hervorhebungen einzelner Wörter oder Passagen innerhalb von Bibelzitaten wurden vom Autor vorgenommen.

AMP *Amplified Bible, Classic Edition*, © 1987 The Lockman Foundation. www.lockman.org
ELB *Revidierte Elberfelder Bibel*, © 2008 SCM R.Brockhaus, Witten.
EÜ *Einheitsübersetzung der Heiligen Schrift*, © 2016 Kath. Bibelanstalt GmbH, Stuttgart.
GNB *Gute Nachricht Bibel*, © 2000 Deutsche Bibelgesellschaft, Stuttgart.
HFA *Hoffnung für alle*, © by Biblica, Inc.®, hrsg. von Fontis.
KJV *King James Version*.
LUT *Lutherbibel*, © 2016 Deutsche Bibelgesellschaft Stuttgart.
NIV *New International Version*, © 2011 International Bible Society.
NKJV *New King James Version*, Copyright © 1982 by Thomas Nelson, Inc.
NLB *Neues Leben Bibel*, © 2017 SCM R.Brockhaus, Witten.
NLT *New Living Translation*, Copyright © 2015 by Tyndale House Foundation.

Umschlaggestaltung: Harrison House Publishers
Corporate Design: spoon design, Olaf Johannson
Übersetzung: Gabriele Kohlmann
Lektorat: Thilo Niepel
Satz: Grace today Verlag
Druck: CPI Clausen & Bosse, Leck
Printed in Germany

1. Auflage 2022

© 2021 Grace today Verlag, Schotten
Paperback: ISBN 978-3-95933-232-3, Bestellnummer 372232
E-Book: ISBN 978-3-95933-233-0, Bestellnummer 372233

Nachdruck und Vervielfältigung, auch auszugsweise, nur mit Genehmigung des Verlages.

www.gracetoday.de

INHALT

EINLEITUNG

Vor vielen Jahren betete ich: »Herr, was muss ich tun, um von dem Punkt, an dem ich jetzt stehe, dorthin zu gelangen, wo du mich haben willst?« Als ich meine Augen öffnete, sah ich meine Bibel vor mir liegen und hörte den Herrn sagen: »Nimm mein Wort in dein Herz auf; es wird dann den Rest erledigen.«

Von jenem Tag an habe ich entdeckt, dass das Wort Gottes die wichtigste Komponente für ein fruchtbares und siegreiches Christenleben ist. Durch sein Wort lernen wir Gott kennen (Joh 1,1) und erfahren, wie wir das Leben der Fülle führen können, für das Jesus gesorgt hat (Joh 10,10). Das Wort ist unser sicheres Fundament. Leider erlauben die meisten Christen der Bibel nicht, ihren persönlichen Überzeugungen in die Quere zu kommen – und das wirkt sich zerstörend auf sie aus. Sie sind egoistisch und unsicher, und genau wie die unerlösten Menschen um sie herum sind sie krank, deprimiert und niedergeschlagen. Ihr Leben ist ein einziges Chaos, weil sie Gott nicht kennen. Sie kennen sein Wort nicht.

Ich habe entdeckt, dass das Wort Gottes die wichtigste Komponente für ein fruchtbares und siegreiches Christenleben ist.

Ob es dir bewusst ist oder nicht, Gottes Reich funktioniert anders als das System dieser Welt. Es unterliegt anderen Gesetzen und Prinzipien, und es führt zu anderen Ergebnissen. Wenn die

Welt in Angst und Schrecken versinkt, herrscht in Gottes Reich derweil Ruhe und Frieden. Wenn die Welt in Finanzkrisen hineintaumelt oder durch politisch unruhige Zeiten stolpert, bleibt das Reich Gottes fruchtbar und stabil. Im Römerbrief heißt es, das Reich Gottes sei »nicht Essen und Trinken, sondern Gerechtigkeit, Friede und Freude im Heiligen Geist« (Röm 14,17). Die gute Nachricht ist, dass jeder wiedergeborene Mensch automatisch diesem Reich angehört (Kol 1,13); doch tatsächlich können Gläubige ihr ganzes Leben verbringen, ohne je die Vorzüge von Gottes Reich zu erfahren, wenn sie nicht wissen, wie es funktioniert.

Das Reich Gottes ist ein Reich der Gnade. Wir haben uns die Zugehörigkeit nicht selbst verdient. Wir könnten die damit verbundenen Wohltaten auch niemals aus eigener Kraft erwerben. Doch dank Jesus können wir sie durch Glauben empfangen (Röm 5,2). Die meisten Christen verkennen, dass der Glaube mehr ist als bloßes Überzeugtsein. Glaube ist aktiv (Jak 2,19–20). Er reagiert mit demütigem Gehorsam auf die Gnade Gottes – Gehorsam gegenüber seinem Wort (Joh 14,21).

Das Wort Gottes offenbart die Gesetze des Reiches Gottes. Eines dieser Gesetze ist die Demut. Ich weiß, dass Demut heutzutage kein sonderlich beliebtes Thema ist, aber sie liegt Gott sehr am Herzen. Demut ist Teil seines Charakters. Jesus, der als Gott im Fleisch erschienen ist (Joh 1,14), nannte sich selbst sanftmütig und von Herzen demütig (Mt 11,29). Er war demütig. Und er war ein vollkommenes Abbild des Vaters (Hebr 1,3), was bedeutet, dass Gott demütig ist. Er reagiert auf Demut. In Jakobus 4,6 heißt es: »Umso reicher aber ist die Gnade, die er gibt. Darum spricht er: ›Gott widersteht den Hochmütigen; den Demütigen aber gibt er Gnade‹«.

Demut ermöglicht es uns, Gnade von Gott zu empfangen. Die Welt versteht das nicht, und auch die Kirche versteht es zum großen

Teil nicht. Die Menschen wollen als Christen in Gnade wirken und leben sowie die Gunst, Befähigung und Salbung Gottes erfahren, aber sie verstehen nicht, wie Gott über Demut denkt.

Ich bete, dass man das von dir nicht mehr behaupten kann, nachdem du dieses Buch zu Ende gelesen hast! Im Folgenden werde ich überzeugende biblische Belege für die besondere Bedeutung der Demut darlegen. Es handelt sich um Erkenntnisse, die mein Leben verändert haben. Wenn du es zulässt, werden sie auch dein Leben verändern. Sei gesegnet.

KAPITEL 1

Ein anderes System

Das Reich Gottes ist ein Reich der Gnade. Alles, was Gott ist und hat, wird uns in Christus unverdientermaßen angeboten (Röm 12,6). Leider kommen viele Gläubige ihr ganzes Leben lang nicht in den Genuss dieser Gnade. Ihnen wird einfach nicht beigebracht, auf Gottes Gnade mit Glauben zu reagieren.

Das Wort Gnade beschreibt also nicht nur Gottes unverdiente Gunst, sondern auch die von ihm kommende Befähigung, Salbung und Kraft in unserem Leben.

Die meisten Leute bezeichnen Gnade als unverdiente Gunst, und obwohl diese Definition richtig ist, so ist sie doch nicht vollständig. Die Bibel verwendet das Wort *Gnade*, um viele verschiedene Dinge zu beschreiben. Paulus sagte, sein Dienst an den Heiden bestehe in einer Verwaltung oder Haushalterschaft der Gnade (Eph 3,2). Im Römerbrief zählt er die Gnadengaben auf (Röm 12,6–8). Der Apostel Petrus sagte, dass wir unsere Gnadengaben als »gute Haushalter der mannigfaltigen Gnade Gottes« einsetzen sollen (1Petr 4,10). Das Wort *mannigfaltig* bedeutet »vielfältig in Form und Gestaltung«. Das Wort *Gnade* beschreibt also nicht nur Gottes unverdiente Gunst, sondern auch die von ihm kommende Befähigung,

Salbung und Kraft, die sich in unserem Leben auswirken. Kurz gesagt, Gnade ist alles Gute, das von Gott kommt.

In Titus 2,11 steht, dass die Gnade allen Menschen erschienen ist, aber nicht alle Menschen nehmen sie an. Man muss sich demütigen, um zu empfangen, was Gott zur Verfügung gestellt hat. Wir demütigen uns, wenn wir die Errettung durch das empfangen, was Jesus für uns getan hat, anstatt sie durch das erhalten zu wollen, was wir für ihn tun. Jakobus 4,6 (ELB) sagt, dass wir uns weiter demütigen müssen, um »größere Gnade« zu erhalten, damit wir so leben können, wie es Gottes Absicht für uns ist:

> *Er gibt aber desto größere Gnade. Deshalb spricht er: »Gott widersteht den Hochmütigen, den Demütigen aber gibt er Gnade.«*

Die *Amplified Bible, Classic Edition* übersetzt Jakobus 4,6 wie folgt:

> *Aber er gibt uns immer mehr Gnade (die Kraft des Heiligen Geistes, um dieser bösen Neigung und allen anderen umfassend zu begegnen). Deshalb sagt er: »Gott wendet sich gegen die Stolzen und Hochmütigen, gibt aber den Demütigen (die demütig genug sind, sie zu empfangen) [fortwährend] Gnade.«*

Man beachte, dass Gott denen »immer mehr Gnade« gibt, »die demütig genug sind, sie zu empfangen«. Es erfordert Demut, die Gnade Gottes in Empfang zu nehmen. Wenn es aber möglich ist, mehr Gnade zu empfangen, dann muss es auch möglich sein, weniger Gnade zu empfangen. Während Gott also jedem Menschen seine Gnade zugänglich macht, entscheiden wir, wie viel von seiner Gnade wir erfahren.

Als gläubiger Mensch wünschst du dir wahrscheinlich viele gute Dinge für dein Leben. Du betest vermutlich für deine Ehe oder auch für deine Kinder. Du hast vielleicht Zettel mit »Gesundheit und Wohlstand«-Bibelstellen an deinem Spiegel kleben oder wiederholst, was dein Pastor in seinen Predigten sagt. Aber wenn es dir an Demut fehlt, wirst du die Gnade Gottes in deinem Leben begrenzen. Du wirst nicht weniger von seinem Geist haben, der ja in dir wohnt (Kol 1,9–10), aber es wird weniger von seinem Geist durch dich fließen können. Du wirst gerettet sein, aber *nicht weiterkommen.* Du musst lernen, mit den Gesetzen des Reiches Gottes zu kooperieren, und dich dafür entscheiden, die Dinge auf Gottes Weise zu tun, damit du die ganze Fülle seiner Gnade erfahren kannst.

Das Reich Gottes funktioniert nach einem anderen System als diese Welt. Als Jesus sah, wie geladene Gäste bei einem Festmahl im Haus eines Pharisäers die Ehrenplätze besetzen wollten, riet er ihnen, einen weniger ehrenvollen Platz zu wählen. Denn falls jemand Wichtigeres käme, wäre der Gastgeber dann nicht gezwungen, die betreffende Person zu demütigen, indem er sie umsetzte. Vielleicht würde der Gastgeber ihr sogar vor den Augen aller Gäste einen ehrenvolleren Platz anbieten. »Denn jeder, der sich selbst erhöht, wird erniedrigt werden; und wer sich selbst erniedrigt, der wird erhöht werden« (Lk 14,11). Weißt du, ich sehe das immer wieder, wenn ich Pastorenkonferenzen besuche. Die Leute drängen sich nach vorn, um entweder einflussreichen Predigern möglichst nahe zu kommen, um selbst gesehen zu werden oder auch einfach nur, um den besten Sitzplatz zu ergattern. Aber Jesus sagt, dass man sich in solchen Situationen nicht in den Vordergrund drängen oder eine besondere Behandlung und Aufmerksamkeit erwarten soll.

Das steht im Gegensatz zur Denkweise der Welt. Die Welt sagt Dinge wie: »Du musst dich um dich selbst kümmern«, »Wenn ich nicht für mein Weiterkommen sorge, wer dann?« und »Nimm es dir – du hast es verdient.« Die meisten Menschen, die die Titelseiten unserer Zeitschriften schmücken oder für öffentliche Ämter kandidieren, leben so. Sie sind arrogant, egoistisch und unhöflich. Sie glauben, die größte Anerkennung im Leben sei es, sagen zu können: »Ich habe es allein hinbekommen. Ich habe es auf meine Weise geschafft.« Aber das Wort Gottes sagt, dass dies eine große Täuschung ist.

> *Das Leben eines Menschen [liegt] nicht in seinen eigenen Händen. Es kann auch niemand seinem Leben von sich aus eine bestimmte Richtung geben. — Jeremia 10,23 NLB*

> *Denn alles, was in der Welt ist, die Fleischeslust, die Augenlust und der Hochmut des Lebens, ist nicht von dem Vater, sondern von der Welt. — 1. Johannes 2,16*

Das System dieser Welt ist von Gott getrennt. Es ist nicht »von dem Vater«. Leider agieren viele Christen immer noch innerhalb dieses weltlichen Systems des Stolzes und der Unabhängigkeit. Als Gläubige sind wir nicht mehr von dieser Welt; wir sind neue Geschöpfe in Christus (2Kor 5,17). Wir sollten nicht wie die Welt leben. Wir sollten nicht einmal so denken wie weltliche Menschen. Als neue Geschöpfe haben wir eine neue Natur – eine Natur, die nicht mehr nach Sünde giert. *Warum habe ich dann immer noch mit Sünde und Egoismus zu kämpfen?*, mögen sich manche jetzt fragen. Sie lesen das Wort Gottes, sehen aber ihre eigenen

Unzulänglichkeiten und denken, dass sie wohl zwei Naturen hätten. Die eine Natur liebt Gott und will das Richtige tun, während die andere gegen dieses nach Gott strebende Verlangen ankämpft. Das ist schlicht und einfach nicht wahr.

Wie Paulus im Römerbrief erklärt, ist deine alte Natur – der Teil von dir, der sich zur Sünde hingezogen fühlt – gestorben. Er wurde mit Christus gekreuzigt.

> *Wir wissen ja dieses, dass unser alter Mensch mitgekreuzigt worden ist, damit der Leib der Sünde außer Wirksamkeit gesetzt sei, sodass wir der Sünde nicht mehr dienen; denn wer gestorben ist, der ist von der Sünde freigesprochen. Wenn wir aber mit Christus gestorben sind, so glauben wir, dass wir auch mit ihm leben werden, da wir wissen, dass Christus, aus den Toten auferweckt, nicht mehr stirbt; der Tod herrscht nicht mehr über ihn. Denn was er gestorben ist, das ist er der Sünde gestorben, ein für alle Mal; was er aber lebt, das lebt er für Gott. Also auch ihr: Haltet euch selbst dafür, dass ihr für die Sünde tot seid, aber für Gott lebt in Christus Jesus, unserem Herrn! — Römer 6,6–11*

Paulus sagte, so wie Christus der Sünde gegenüber gestorben und auferstanden ist, um Gott zu verherrlichen, sterben auch wir der Sünde gegenüber ab und werden Gott gegenüber lebendig, wenn wir glauben. Die alte Natur, unser »alter Mensch«, ist gestorben. Die neue Natur, von der in 2. Korinther 5,17 die Rede ist, lebt jetzt, um Gott zu verherrlichen, genau wie Jesus es tat. Das bedeutet nicht, dass Christen nicht mehr sündigen können. Doch wir müssen uns von der Sünde nicht länger beherrschen lassen.

Die Liebe Christi beherrscht uns. Da wir glauben, dass Christus für alle gestorben ist, glauben wir auch, dass wir alle unserem alten Leben gestorben sind. — *2. Korinther 5,14* NLT

Nun haben wir die Wahl: Wir können zulassen, dass die Liebe Christi uns beherrscht, oder wir können unser Leben weiterhin von unseren alten Gewohnheiten und Anschauungen bestimmen lassen. Gott hat unseren mentalen, seelischen Teil nämlich ähnlich einem Computer gestaltet. Wir können unseren Verstand so programmieren, dass bestimmte Handlungen und Verhaltensweisen automatisch ablaufen. Vor der Errettung waren wir alle darauf programmiert, uns selbst an die erste Stelle zu setzen. Der Grund, warum die meisten Christen weiterhin mit Sünde zu kämpfen haben, liegt darin, dass sie diese Einstellungen nicht umprogrammiert haben. Sie haben ihr Denken nicht erneuert.

Wir können zulassen, dass die Liebe Christi uns beherrscht, oder wir können unser Leben weiterhin von unseren alten Gewohnheiten und Anschauungen bestimmen lassen.

Die Sündennatur beherrschte früher unser Denken. Sie lehrte uns, selbstsüchtig zu sein, zu fürchten und zu hassen. Christus hat die Macht dieser Natur gebrochen, aber mit deren alten Gewohnheiten müssen wir uns trotzdem noch befassen. Genau wie ein Computer so lange gemäß seiner Programmierung funktioniert, bis diese geändert wird, verführt uns unser Verstand so lange zur Sünde, bis wir ihn erneuern (Röm 12,2).

Darauf wollte Paulus im Römerbrief hinaus. Um das Leben Christi zu erfahren und Gott zu verherrlichen, müssen wir erkennen, dass das alte Ich tot ist. Zudem müssen wir Schritte unternehmen, durch die wir unser Denken erneuern – basierend auf der Wahrheit über unser jetziges Wesen –, bis die alten Handlungsweisen und Einstellungen »umprogrammiert« sind. Wir müssen uns von den Einflüssen dieser Welt lösen, damit wir wirksam in Gottes Reich handeln können.

So wie es physikalische Gesetze gibt, deren Regeln die Erde folgt, gibt es auch geistliche Gesetze, die das Reich Gottes bestimmen. Wenn wir lernen, innerhalb dieser Gesetze zu handeln, können wir mehr von seinem Reich erfahren. Zum Beispiel hat Gott die Schwerkraft zu unserem Besten geschaffen. Sie bewahrt uns davor, ins Weltall zu entschweben, und hält unsere Autos auf der Straße. Aber wenn eine Person gegen dieses Gesetz verstößt und von einem Gebäude springt oder mit dem Auto das Brückengeländer durchbricht, kann dasselbe Gesetz, das Gott zu ihrem Segen geschaffen hat, sie töten. Gott hasst die Person nicht. Er hat nichts gegen sie. Hier wirken lediglich die Kräfte der Physik.

Das Gleiche gilt für die Elektrizität. Obwohl sich die Gesetze, die der Elektrizität zugrunde liegen, seit dem Garten Eden nicht geändert haben, brauchten wir doch Tausende Jahre, um herauszufinden, wie sich Elektrizität richtig nutzen lässt. Erst im Verlauf des Industriezeitalters haben wir verstanden, dass Strom nicht durch alle Materialien gleich gut fließt. Für einen Holzhandwerker wie mich mag es einfach sein, eine Lampe aus Holz zu bauen, doch würde ich erwarten, dass diese Lampe ohne stromführende Verkabelung mein Haus beleuchtet, wäre die Enttäuschung vorprogrammiert. Nicht Gott wäre vorzuwerfen, dass er mir kein Licht gebe, sondern ich hätte in dem Fall nicht mit seinen Gesetzen kooperiert.

Demut gehört zu den geistlichen Gesetzen, die Gottes Reich bestimmen. Wenn du versuchst, außerhalb dieses Gesetzes zu leben, wirst du nur Frustration erfahren. Wenn du dich wie in einer Sackgasse fühlst oder den Eindruck hast, alles in deinem Leben laufe schief, kooperierst du vielleicht nicht mit den Gesetzen Gottes. In Sprüche 15,33 heißt es: »Die Furcht des HERRN ist die Schule der Weisheit, und der Ehre geht Demut voraus.« In Gottes Reich gibt es ohne Demut weder Gnade noch Ehre. Du musst lernen, was wahre Demut ist, damit du anfangen kannst, mit ihr zu kooperieren.

Wenn du dich wie in einer Sackgasse fühlst oder den Eindruck hast, alles in deinem Leben laufe schief, kooperierst du vielleicht nicht mit den Gesetzen Gottes.

KAPITEL 2

Der Fluch des Stolzes

Obwohl ein Großteil der Christenheit biblische Demut nicht versteht, sind sich die meisten darüber einig, dass Demut das Gegenteil von Stolz ist. Gott hasst Stolz (Spr 6,16–19). In Sprüche 13,10 (NLB) heißt es: »Stolz führt zu Streit.« Aller Streit, Zorn und Unfrieden – und die daraus resultierende Bitterkeit – ist eine direkte Folge von Stolz (Spr 17,14).

In Sprüche 18,12 heißt es: »Vor dem Zusammenbruch wird das Herz des Menschen hochmütig, aber vor der Ehre kommt die Demut.« Das bekräftigt, was Salomo in Sprüche 16,18 sagt: »Stolz kommt vor dem Zusammenbruch, und Hochmut kommt vor dem Fall.« Der Hauptgrund, warum Menschen im Leben Probleme haben, ist ihr Stolz. Er ist der Grund, warum Ehen und Karrieren scheitern, warum Menschen mit finanziellen Problemen kämpfen und warum ihre Gesundheit leidet.

Das meiste menschliche Elend ist selbstverschuldet. Es ist das direkte Ergebnis unserer Weigerung, uns vor Gott zu demütigen und seiner Weisheit zu folgen.

Das heißt nicht, dass jedes Problem, dem wir begegnen, durch unseren Stolz hervorgerufen wird; unsere Probleme können auch vom Stolz einer anderen Person verursacht werden. Aber das meiste menschliche Elend ist selbstverschuldet. Es ist das direkte Ergebnis unserer Weigerung, uns vor Gott zu demütigen und seiner Weisheit zu folgen.

Oft kommen Menschen zu mir und bitten um Gebet für den Bereich ihrer Finanzen. Nachdem ich dann etwas Zeit mit ihnen verbracht habe, stelle ich unweigerlich fest, dass sie reichlich Einnahmen haben; sie geben einfach nur zu viel Geld aus. Anstatt der Weisheit des Wortes Gottes zu folgen und auf Gewünschtes zu sparen, gönnen sie sich die Dinge lieber gleich und nehmen für alles Kredite auf. Am Ende zahlen sie das Zwei- oder Dreifache des Wertes an Zinsen – dabei wissen sie es eigentlich besser! Sie wissen, wie das Zinssystem funktioniert. Sie wissen, dass sie kein Geld ausgeben sollten, das sie nicht haben. Aber sie wollen das Gewünschte *jetzt und sofort*. Also setzen sie sich über die Weisheit zugunsten der sofortigen Befriedigung hinweg. Das ist Stolz.

Vielleicht ist es dir nicht bewusst, aber Stolz ist der Anfang aller Sünde. Noch bevor die Sünde von Adam und Eva im Garten Eden die menschliche Rasse zerstörte, wurde Luzifer aufgrund seines Hochmuts aus dem Himmel geworfen:

> *Wie bist du vom Himmel herabgefallen, du Glanzstern, Sohn der Morgenröte! Wie bist du zu Boden geschmettert, du Überwältiger der Nationen! Und doch hattest du dir in deinem Herzen vorgenommen: »Ich will zum Himmel emporsteigen und meinen Thron über die Sterne Gottes erhöhen und mich niederlassen auf dem Versammlungsberg im äußersten Norden; ich will emporfahren auf Wolkenhöhen, dem Allerhöchsten mich gleichmachen!«*
> *— Jesaja 14,12–14*

Luzifer hasste Gott nicht, er beneidete Gott. Er wollte »zum Himmel emporsteigen«. Er wollte erhöht werden »dem Allerhöchsten gleich«. Hesekiel nannte Luzifer einen »gesalbten Cherub«. Er sagte, Luzifer sei mit Edelsteinen bedeckt gewesen und sei bei seiner Erschaffung mit Tamburinen und Flöten ausgestattet worden (Hes 28,13–14). Die meisten Bibelgelehrten glauben, dass Satan ursprünglich als himmlischer Lobpreisleiter geschaffen wurde. Sie sagen, sein Körper selbst habe buchstäblich Musik erzeugt. Aber Luzifer war mit seiner Rolle, die Gott ihm zugedacht hatte, nicht zufrieden; er wollte die Herrlichkeit und Anbetung, die Gott vorbehalten war. Das ist Stolz.

Adam und Eva tappten in dieselbe Falle. Als sie von dem Baum der Erkenntnis von Gut und Böse aßen, hassten sie Gott nicht. Sie wollten wie er sein. Deshalb verwarfen sie Gottes Weisheit und gaben ihrer eigenen den Vorzug. Die meisten Menschen nennen das Ungehorsam, aber im Grunde ist es Stolz. Eva dachte, Gott enthalte ihr etwas vor. Sie dachte, er verweigere ihr einen Segen. Also verließ sie sich auf ihren eigenen Verstand (Spr 3,5), um diesen Segen auf ihre Weise zu bekommen. Sie machte sich von Gott unabhängig.

Gott wollte Adam und Eva nichts anderes verwehren als den ganzen Schmerz, das Leid, den Tod, die Krankheit und die Armut als Folge der Sünde. Es wäre nicht zur Sünde gekommen, wenn sowohl Adam als auch Eva gesagt hätten: »Es ist nicht an mir, zu entscheiden, wann ich Gott vertraue. Gott ist gut. Gott ist Gott, und ich bin es nicht. Er hat es so gesagt, also werde ich gehorchen.« Mit anderen Worten, hätten sie sich gedemütigt und Gottes Weisheit über ihre eigene Weisheit gestellt, hätten sie nicht gesündigt.

Adam und Eva hatten keinen Grund, an Gott zu zweifeln. Er war immer nur gut zu ihnen gewesen. Sie lebten in einer perfekten Welt. Es gab reichlich Nahrung. Es gab keine Schmerzen und keine Probleme. Sie lebten buchstäblich im Paradies. Es gab für sie keinen Grund zu glauben, Gott enthalte ihnen etwas vor. Aber der Stolz trieb sie zur Sünde. Stolz hat all das Böse und den Verfall in dieser Welt ausgelöst, und er treibt uns auch heute noch in die Sünde. Alle Sünde wurzelt im Stolz.

Die Gesellschaft hat dem Stolz einen hohen Stellenwert eingeräumt, und weil die Kirche Demut weder wirklich verstanden noch korrekt gelehrt hat, passen sich viele Gläubige ganz automatisch dem Stolz der Welt an – manchmal auch in Form falscher Demut. Die Bibel sagt uns, dass wir auf eine bestimmte Weise leben sollen, aber wir sagen: »Nein, ich leben auf *meine* Weise.« Wir wollen göttliche Ergebnisse erzielen, tun aber gottlose Dinge. Obwohl die Bibel ermahnt, man solle nicht an einem Strang mit Ungläubigen ziehen, verstoßen dennoch Tausende bei der Partnerwahl gegen diesen Grundsatz (2Kor 6,14). Anstatt einen Lebenspartner zu wählen, dessen Grundwerte und Überzeugungen mit den eigenen übereinstimmen, wählen viele Menschen einen Partner nur nach dem äußeren Erscheinungsbild. Männer fühlen sich von langem, welligen Haar und einer kurvenreichen Figur angezogen, ohne sich darüber im Klaren zu sein, dass sich diese Kurven nach zwei oder drei Kindern in die andere Richtung ausdehnen. Frauen wollen einen großen, geheimnisvoll wirkenden, attraktiven Mann. Aber wenn dieser Mann zum Michelin-Männchen wird und seine Gürtelschnalle kein Tageslicht mehr abbekommt, »entlieben« sie sich. Das ist keine Liebe. Das ist einfach nur Begierde, genährt von Stolz.

In Sprüche 22,4 heißt es: »Der Lohn der Demut und der Furcht des HERRN ist Reichtum, Ehre und Leben.« Und obwohl ich sicher bin, dass jeder, der diese Worte gerade vernommen hat, sich nach Reichtum, Ehre und Leben sehnt, werden sich dennoch wohl nur die wenigsten demütigen, um all dies zu erhalten. Nicht viele verwenden Gottes Wort als ernsthaften Ratgeber für ihr Leben. Das Wort Gottes sagt, dass derjenige, der ein gutes und langes Leben haben will, seine Zunge vom Bösen fernhalten und dem Frieden nachjagen muss (Ps 34,13–15). Außerdem heißt es: »Ein fröhliches Herz ist die beste Medizin« (Spr 17,22 NLB) und »Ehre deinen Vater und deine Mutter« (2Mo 20,12 NLB). Das bedeutet, Gesundheit hat auch eine geistliche Komponente.

Das ist jetzt zwar nur »Andrewlogie«, aber ich glaube, dass Ernährung und Bewegung nur zu einem kleinen Teil die allgemeine Gesundheit bestimmen – vielleicht zu zwanzig oder dreißig Prozent. Das soll nicht heißen, dass wir uns von Fastfood ernähren und zu Couch-Potatoes werden können. Niemand wird auf diese Weise zu blühendem Leben gelangen. Aber fünf Stunden am Tag zu trainieren und rotes Fleisch zu meiden, ist auch kein Garant für Gesundheit. Viele Menschen befolgen strikte »Gesundheitsregeln«, sind zugleich jedoch wütend und verbittert und hegen Groll in ihrem Herzen. Sie verfluchen sich selbst und andere und verstehen nicht, dass »Tod und Leben in der Gewalt der Zunge« stehen (Spr 18,21). Sie ersetzen Gottes Weisheit durch ihre eigene und sind den Rest ihres Lebens damit beschäftigt, die Folgen abzumildern. Die meisten Menschen würden das nicht als Stolz bezeichnen, aber genau das ist es. Und dieser Stolz vereitelt die Gnade Gottes. Paulus sagte:

> *Wenn ihr nun mit Christus gestorben seid, dann seid ihr auch von den Mächten und Zwängen dieser Welt befreit. Weshalb unterwerft ihr euch dann von neuem ihren Forderungen und lebt so, als wäre diese Welt für euch maßgebend? — Kolosser 2,20 HFA*

Wir sollten uns in dieser Welt nicht gänzlich zu Hause fühlen. Wir sollten als »Fremde und Pilger auf Erden« (Hebr 11,13 KJV) leben und wissen, dass unsere wahre Heimat im Himmel ist. Das schließt ein erfülltes Leben nicht aus. Wir entscheiden uns lediglich dafür, nach Gottes Willen zu leben. Der Apostel Jakobus erklärte:

> *Ihr Ehebrecher und Ehebrecherinnen, wisst ihr nicht, dass die Freundschaft mit der Welt Feindschaft gegen Gott ist? Wer also ein Freund der Welt sein will, der macht sich zum Feind Gottes! Oder meint ihr, die Schrift rede umsonst? Ein eifersüchtiges Verlangen hat der Geist, der in uns wohnt.*
> *— Jakobus 4,4–5*

Das sind eindringliche Worte. Aber sie entstammen dem Neuen Testament. Die Menschen missverstehen diesen Bibelabschnitt oft. Sie hören das Wort *Verlangen* und setzen es automatisch mit Sünde gleich. Aber *Verlangen*, wie es hier verwendet wird, bedeutet einfach, eine starke Sehnsucht zu haben. Verlangen muss nicht zwangsläufig sündig sein. Ein Mensch kann Verlangen nach einem Donut haben. Manche glauben fälschlicherweise auch, in Vers 5 gehe es um den menschlichen Geist. In Wirklichkeit geht es in diesem Vers um den Geist Gottes. Schauen wir uns Vers 5 noch einmal in einer anderen Übersetzung an:

> *Oder meint ihr etwa, dass die Schrift leer daherredet, wenn sie sagt: »Der Geist, den er in uns wohnen lässt, sehnt sich nach uns, und ihn verlangt es mit eifersüchtiger Liebe, dass der Geist aufgenommen werde«? — Jakobus 4,5 AMP*

In dieser Bibelstelle geht es nicht darum, dass unser Geist nach der Welt giert, sondern darum, dass der Geist Gottes sich nach uns sehnt und sich wünscht, dass wir uns ihm vollkommen hingeben. In 2. Mose 34,14 heißt es, unser Gott ist ein »eifersüchtiger Gott«, und wie ein liebender Ehemann will Gott uns nicht mit irgendeinem x-beliebigen Kerl teilen, der zufällig um die Ecke wohnt. Er will uns für sich haben. Er will, dass wir ihn lieben und auch seine Werte schätzen. Gott will nicht, dass wir die Werte dieser Welt gutheißen oder sie uns gar zu eigen machen. Wir werden wie Ehebrecher und Ehebrecherinnen, wenn wir alles lieben, was in und von dieser Welt ist. Wenn wir die Gier verherrlichen und uns an Gewalt und Sinneslust ergötzen, wenn wir Homosexualität bejubeln und den Mord an unschuldigen Kindern ignorieren, begehen wir geistlichen Ehebruch. Das ist Stolz.

Gehen wir noch einmal zurück zu Jakobus 4:

> *Er gibt aber desto größere Gnade. Deshalb spricht er: »Gott widersteht den Hochmütigen, den Demütigen aber gibt er Gnade.« Unterwerft euch nun Gott! Widersteht aber dem Teufel! Und er wird von euch fliehen. — Jakobus 4,6–7* ELB

Vers 7 wurde hier nicht zusammenhanglos eingeschoben. In diesem Abschnitt geht es immer noch um das Verhältnis von Demut und Stolz. Er besagt, dass wir die nötige Kraft – die Gnade – erhalten, um dem Teufel zu widerstehen, wenn wir uns demütigen und uns Gott unterstellen, indem wir uns ihm unterordnen und seiner Führung folgen, anstatt unserer eigenen Weisheit. Den Teufel zurückzuweisen und Bibelstellen zu zitieren, ist nur ein Teil des Widerstands. Wer jedoch dem eigenen Stolz widersteht, der widersteht damit auch dem Teufel.

Das Wort »widerstehen« bedeutet im Grunde, dass man aktiv gegen etwas ankämpft. Man kann sich Stolz gegenüber nicht passiv verhalten. Man kann nicht denken: »Was ist schon dabei?« oder »Jeder hat doch seinen Stolz«. Man muss aktiv gegen den Teufel – gegen den Stolz – kämpfen, indem man sich demütigt und sich Gott unterstellt. Stolz ist das Gegenteil von dem, was Gott ist. In Amos 3,3 (ELB) steht: »Gehen etwa zwei miteinander, außer wenn sie zusammengekommen sind?« Wenn wir uns entscheiden, stolz unseren eigenen Weg zu gehen, stehen wir im Widerstreit mit Gott. Gott hat zwar auch dann nichts gegen uns, aber er kann nicht mit uns gehen, sonst wären wir beide auf dem falschen Weg!

Du musst aktiv gegen den Teufel – gegen den Stolz – kämpfen, indem du dich demütigst und Gott unterstellst.

In Jakobus 4 heißt es weiter: »Naht euch zu Gott, so naht er sich zu euch!« (Vers 8). Wie »naht« man sich Gott? Man demütigt sich (Vers 10). In Psalm 138,6 (ELB) steht: »Ja, der HERR ist erhaben, doch er sieht den Niedrigen, und den Hochmütigen erkennt er von fern.« Mit anderen Worten: Gott hält sich von Stolz fern. Das ist Teil des Fluches, der mit dem Stolz verbunden ist. Hochmütige Menschen können keine enge Beziehung zu Gott haben. Im zweiten Buch Samuel ist eines von Davids Liedern festgehalten, in dem es heißt:

Gegen den Gütigen erzeigst du dich gütig, gegen den Rechtschaffenen rechtschaffen, gegen den Reinen erzeigst du dich rein, aber dem Hinterlistigen trittst du entgegen! Denn du rettest das elende Volk, aber deine Augen sind gegen die Stolzen – du erniedrigst sie! — 2. Samuel 22,26–28

Wenn du vom Leben frustriert bist, wenn deine Gebete nicht erhört werden oder sich die guten Dinge Gottes nicht einstellen, könnte es sein, dass Stolz die Gnade Gottes abstößt. In 1. Timotheus 3 werden die Anforderungen an einen Ältesten aufgeführt. Dort heißt es, dass ein Ältester kein »Neubekehrter« sein soll, »damit er nicht aufgeblasen wird und in das Gericht des Teufels fällt« (1Tim 3,6). Viele denken, diese Bibelstelle bedeute, Satan richte die Menschen, wenn sie hochmütig werden. Tatsächlich gemeint ist aber dies: Wenn wir stolz sind, wenn wir unseren eigenen Weg gehen oder die sichtbare Entfaltung von Gottes Kraft mit unserem Wohlverhalten und unserer eigenen Weisheit verknüpfen, unterstellen wir uns demselben Urteil, das gegen den Teufel verhängt wurde. Wir geraten unter dieselbe Bestrafung, die er erhielt, als er aus der Gegenwart Gottes verstoßen wurde. Stolz wurde verflucht; er ist verurteilt worden. Lass Stolz nicht länger die Grundlage deines Handelns sein, sondern schlage dieselbe Richtung ein, in die Gott geht. Gott widersteht den Stolzen. Das ist nichts Persönliches. Es ist einfach ein Gesetz, das in Gottes Reich gilt.

KAPITEL 3

Die Falle der Selbstbezogenheit

Es bricht mir das Herz, wenn ich sehe, wie viele geisterfüllte Gläubige das Wort Gottes wie ein magisches Objekt benutzen, das dazu da ist, ihre egoistischen Wünsche zu erfüllen. Sie hören aus dem Evangelium, dass wir gerecht gesprochen wurden, dass uns Wohlstand geschenkt wurde und dass wir geheilt wurden. Sie erfahren, dass wir Frieden und Freude haben können, dass Gott uns gerne segnet und unsere Herzenswünsche erfüllt. Und obwohl das alles wahr ist, sind diese Segnungen nicht der Grund, warum wir Gott lieben und ihm dienen. Wir lieben Gott, weil er uns zuerst geliebt hat (1Joh 4,19). Wir dienen Gott, weil er Gott ist (Ps 100,3). Gläubige mit dieser Einstellung vergessen, dass Gott unser ewiges Bedürfnis in Christus bereits gestillt hat und versprochen hat, unsere körperlichen und materiellen Bedürfnisse zu erfüllen, wenn wir zuerst nach seinem Reich trachten (Mt 6,33). Diese Menschen verstehen nicht, dass Segnungen ein Nebenprodukt sind, wenn wir Gott dienen. Sie sind nicht das Ziel.

Selbstbezogenheit führt in eine Falle, in die leider allzu viele Menschen hineintappen. Die Gesellschaft verklärt Selbstbezogenheit zum Ausdruck von Unabhängigkeit und Eigenständigkeit und macht die Menschen dadurch blind für die dahinterstehende Gefahr. Aber ich sage dir, wenn du deinem Ego ein eigenes kleines Häuschen baust, sitzt du letztendlich ganz allein darin. Es ist unmöglich, als selbstsüchtiger, egozentrischer Mensch wirklich glücklich zu sein und ein erfülltes Leben zu führen. Egoismus ist wie die Sucht nach Drogen. Ein Mensch, der sich auf die Befriedigung seiner eigenen Bedürfnisse und Wünsche konzentriert, kann nie genug bekommen. Für ihn wird es stets neue Verlockungen geben – ein neues Auto, ein größeres Haus, ein besserer Job, ein jüngerer Partner. Ein solcher Mensch investiert seine ganze Kraft in das Streben nach mehr, aber sobald es erreicht ist, lässt die Begeisterung nach und er braucht etwas anderes, um dieses Hochgefühl erneut zu erleben.

Aber ich sage dir, wenn du deinem Ego ein eigenes kleines Häuschen baust, sitzt du letztendlich ganz allein darin. Es ist unmöglich, als selbstsüchtiger, egozentrischer Mensch wirklich glücklich zu sein und ein erfülltes Leben zu führen.

Die meisten von uns leben in sehr viel besseren Lebensverhältnissen als unsere Eltern und Großeltern. Wir fahren tollere Autos; wir besitzen schönere Dinge. Wir haben so viel Zeug und sind trotzdem nicht zufrieden. Das liegt daran, dass man das eigene Ich nie zufrieden stellen kann. Wir müssen uns davon abkehren. Wir müssen uns Demut zum Ziel setzen und lernen, für etwas zu leben, das größer ist als wir selbst. Jesus sagte:

Denn wer sein Leben retten will, der wird es verlieren; wer aber sein Leben verliert um meinetwillen und um des Evangeliums willen, der wird es retten. — Markus 8,35

In Matthäus 10,39 drückt Jesus es so aus: »*Wer sein Leben [sein seelische Eigenleben] findet, der wird es verlieren; und wer sein Leben verliert um meinetwillen, der wird es finden!*« Ein Leben, das sich auf sich selbst konzentriert, führt schlussendlich zu Verlust. In Daniel 4 lesen wir von König Nebukadnezar und seinem Traum. Er träumte von einem Baum, der die ganze Erde überdachte. Er war stark und prächtig. Seine Äste reichten bis zum Himmel und seine Früchte ernährten die ganze Welt. Ein Engel erschien in Nebukadnezars Traum und sagte: »Fällt den Baum! Reißt seine Blätter ab. Verstreut seine Früchte. Aber legt ein eisernes Band um seinen Stumpf. Er soll den Tau des Himmels spüren und sieben Jahre lang unter den Tieren leben« (Dan 4,11 KJV). Der Traum beunruhigte Nebukadnezar und er rief seine Weisen, damit sie ihn deuteten.

Daniel, einer der Weisen des Königs, sagte: »König Nebukadnezar, du bist dieser Baum. Dein Reich hat die ganze Erde umspannt, aber es wird abgehauen werden. Und du wirst sieben Jahre lang wie ein wildes Tier sein und unter den Tieren des Feldes leben, Gras fressen wie ein Ochse und den Tau des Himmels auf deinem Rücken spüren.« Daniel sagte Nebukadnezar, dass dieses Gericht so lange dauern würde, bis er lernte, »dass der Höchste Macht hat über das Königtum der Menschen und es gibt, wem er will!« (Dan 4,29). Daniel riet dem König, sich vor Gott zu demütigen, aber Nebukadnezar hörte nicht auf ihn.

Als Nebukadnezar eines Tages auf dem Dach des königlichen Palastes spazieren ging, sagte er: »Ist das nicht das große Babel, das ich mir erbaut habe … mit meiner gewaltigen Macht und zu Ehren meiner Majestät?« (Dan 4,30). Die Bibel sagt, noch bevor Nebukadnezar zu Ende gesprochen hatte, richtete Gott seinen Stolz, und er wurde wie ein wildes Tier. Sieben Jahre lang lebte der König draußen unter den Tieren. Sein Haar wuchs wie ein Fell. Seine

Nägel wurden wie Klauen, und er fraß Gras wie die Ochsen. Am Ende der sieben Jahre wurde Nebukadnezars Verstand wiederhergestellt und er sagte:

> *»Aber nach Verlauf der Zeit hob ich, Nebukadnezar, meine Augen zum Himmel empor, und mein Verstand kehrte zu mir zurück. Da lobte ich den Höchsten und pries und verherrlichte den, der ewig lebt, dessen Herrschaft eine ewige Herrschaft ist und dessen Reich von Geschlecht zu Geschlecht währt; … Nun lobe und erhebe und verherrliche ich, Nebukadnezar, den König des Himmels; denn all sein Tun ist richtig, und seine Wege sind gerecht; wer aber hochmütig wandelt, den kann er demütigen!« — Daniel 4,31.34*

Welch eine Untertreibung! Hier ist ein Mann, der wohl mächtigste Mann auf dem Planeten – er hatte die seinerzeit bekannte Welt erobert, Gold und Silber angehäuft, möglicherweise die Hängenden Gärten von Babylon anlegen und eine 15 Meter hohe Statue von sich selbst errichten lassen –, und dieser Mann fasst seine Demütigung mit den Worten zusammen: »Wer aber hochmütig wandelt, den kann er [Gott] demütigen.«

Brüder und Schwestern, Gott hat uns nicht geschaffen, damit wir unser Leben selbstzentriert leben.

Selbstbezogenheit ist die Wurzel allen Kummers. Sie verwandelt Wünsche in Bedürfnisse und Bedürfnisse in persönliche Krisen. Sie zerstört Beziehungen und macht gute Absichten zunichte. Und die meisten Gläubigen wissen nicht, wie sie überhaupt damit umgehen sollen. Sie versuchen, für sich zu beten und sich selbst zurechtzubringen. Sie versuchen es mit Selbsterniedrigung. Sie versuchen, ihr Ego auszuhungern. Aber nichts, was sie tun, befreit sie von ihrem eigenen Ich.

Ich verbrachte früher meine morgendliche Gebetszeit damit, mein eigenes Ich abzutöten, aber letztendlich habe ich es nur wieder zum Leben erweckt. Ich bekannte meine Sünden oder bat Gott, mich zu gebrauchen, und merkte nicht, dass ich meine ganze Andachtszeit mit mir selbst verschwendete. Ich musste lernen, meinen Fokus zu verlagern – mich zu einem lebendigen Opfer zu machen. In Römer 12,1 (LUT) sagt Paulus:

> *Ich ermahne euch nun, Brüder und Schwestern, durch die Barmherzigkeit Gottes, dass ihr euren Leib hingebt als ein Opfer, das lebendig, heilig und Gott wohlgefällig sei. Das sei euer vernünftiger Gottesdienst.*

Selbstaufopferung ist der vernünftige Dienst eines jeden Gläubigen. Aber Selbstaufopferung ist schwer. Sie erfordert Demut. Wir müssen unseren Blick von uns selbst abwenden und uns daran erinnern, was Paulus in Galater 2,20 (KJV) geschrieben hat:

> *Ich bin mit Christus gekreuzigt; und nun lebe ich, aber nicht mehr ich selbst, sondern Christus lebt in mir. Aber das Leben, das ich jetzt im Fleisch lebe, das lebe ich aus dem Glauben des Sohnes Gottes, der mich geliebt und sich selbst für mich hingegeben hat.*

Als Gläubige sind wir mit Christus gekreuzigt. Unser Leben ist nicht unser eigenes. Es geht nicht um uns. Um wahre Stellvertreter Christi zu sein, müssen wir lernen, »aus dem Glauben des Sohnes Gottes« zu leben. Wenn Gott glaubt, dass wir gebrochene Herzen heilen, unseren Familien vergeben und unsere Feinde lieben können, müssen wir uns demütigen und es ebenfalls glauben.

Damals, als ich anfing, diese Dinge zu verstehen, habe ich erst noch eine Zeit lang gebetet: »Gott, mach mich demütig.« Doch als ich die Bibel durchforschte, wurde mir irgendwann klar, dass Demut eine freiwillige Sache ist. Gott wird dich nicht demütig machen. Du musst dich selbst demütigen. Er kann dich erniedrigen (wie er es mit Nebukadnezar gemacht hat), aber demütigen musst du dich selbst.

Demütigt euch vor dem Herrn, so wird er euch erhöhen.
— Jakobus 4,10

Jesus kannte sich mit Demut aus. Als er seine Jünger fragte: »Für wen halten die Leute mich?«, antwortete Petrus: »Du bist der Christus, der Sohn des lebendigen Gottes!« (Mt 16,16). Jesus segnete ihn, doch als Petrus seinen Mund erneut öffnete, musste Jesus ihn wegen seines Stolzes zurechtweisen. Als Jesus seine Jünger auf die nächste Phase seines Dienstes vorbereitete, begann er ihnen davon zu erzählen, wie er von den Ältesten abgelehnt und misshandelt werden würde. Er sagte den Jüngern, dass er sterben und dann wieder auferstehen werde. Petrus gefiel nicht, was Jesus zu sagen hatte: »Gott behüte dich, Herr! Dies wird dir keinesfalls widerfahren« (Mt 16,22 ELB). Was Petrus damit meinte, war: »Nein, Herr, das wird nicht passieren. Du wirst nicht abgelehnt und getötet werden. Wir werden es nicht zulassen. Wir werden dich verteidigen.«

Die meisten Menschen würden denken, Petrus' Worte seien die eines wahren Freundes gewesen. Aber Jesus wies ihn zurecht und sagte: »Weiche von mir, Satan! Du bist mir ein Ärgernis; denn du denkst nicht göttlich, sondern menschlich!« (Mt 16,23). Mit anderen Worten: Petrus war dem Willen Gottes gegenüber unverständig. Selbstsüchtig stellte er seinen eigenen Wunsch über Gottes

Plan. Petrus begriff nicht, dass Jesus sterben musste. Er verstand nicht, dass es Gottes Wille war, Jesus leiden zu lassen, damit wir nicht leiden müssten. Jesus ertrug unser Strafgericht und unsere Trennung von Gott, um uns zum Vater zu bringen.

Sicherlich hat es Petrus verletzt, als Jesus ihn Satan nannte, aber Jesus musste mit diesem Stolz schnell fertig werden, bevor er in seinem eigenen Herzen Wurzeln schlagen konnte. Vielleicht denkst du, es sei gotteslästerlich, wenn ich sage, dass Jesus sich selbst verleugnen musste. Aber der Hebräerbrief sagt, dass er in allem versucht wurde wie wir, doch ohne Sünde (Hebr 4,15). Jesus wollte nicht abgelehnt werden. Er wollte keine Schmerzen erleiden (Mt 26,39). Aber er wusste, dass er gekommen war, um zu sterben (Offb 13,8). Jesus konnte nicht zulassen, dass seine Gedanken einen anderen Weg einschlugen als jenen, den ihm sein Vater vorgezeichnet hatte. Das wäre Hochmut gewesen. Jesus musste sich demütigen und seinen natürlichen Selbsterhaltungstrieb ablegen, damit er Gottes Plan für sein Leben erfüllen konnte (Phil 2,8).

Petrus war dem Willen Gottes gegenüber unverständig. Selbstsüchtig stellte er seinen eigenen Wunsch über Gottes Plan.

Wenn wir die Pläne und Absichten Gottes in unserem Leben erfüllen wollen, müssen auch wir uns dazu entschließen, uns zu demütigen. Selbstbezogenheit ist eine Falle. In Sprüche 29,23 heißt es: »Der Hochmut des Menschen erniedrigt ihn, aber ein Demütiger erlangt Ehre.« Ein Leben in Stolz – ein Leben, das auf sich selbst ausgerichtet ist – wird uns letztendlich erniedrigen und verhindern, dass Gott in und durch unser Leben wirken kann.

Vor vielen Jahren reisten Jamie und ich nach Ohio, um dort zu dienen. Es war meine zweite Reise zu dieser Gemeinde und ich freute mich auf ein erneutes Treffen mit den Leuten dort. Als uns der Pastor jedoch in einem teuren Mietwagen abholte, merkte ich, dass etwas nicht stimmte. Es war ein seltsames Gefühl; der Pastor wirkte distanziert. Er brachte uns in einer Suite eines anderen Hotels unter als bei meinem letzten Besuch. Er hatte Geschenke gekauft für unsere Söhne (die noch klein waren und mit uns reisten) und den Kühlschrank der Suite mit reichlich Limonaden und Wasserflaschen füllen lassen. Er nahm uns in teure Restaurants mit und bediente uns von vorne bis hinten. Es wirkte alles völlig übertrieben! Einmal fragte er uns, wo wir gerne essen würden, und meine Jungs riefen: »McDonald's!« Er sagte: »Oh, nein. Da könnte ich euch niemals hinbringen.« Es war so seltsam, so ganz anders als bei unserem letzten Zusammensein.

Gegen Ende der Woche rückte der Pastor endlich mit der Sprache heraus. »Es tut mir leid, wie ich euch behandelt habe«, sagte er. »Vor kurzem hatten wir einen anderen Prediger zu Besuch, der mich dafür kritisiert hat, wie ich mit ihm umgegangen sei. Er war verärgert darüber, dass ich ihn mit unserem Familienauto abholte, anstatt eine Limousine zu mieten. Er checkte aus dem Hotel aus, in dem ich ihn untergebracht hatte, und nahm sich eine Suite in einem anderen Hotel. Er verlangte, dass ich ihn täglich mit frischem Obst und Getränken versorgte, und er weigerte sich, in irgendeinem Restaurant zu essen, das Tellergerichte unter fünfundzwanzig Dollar anbot. Die Zeit mit ihm war so beschwerlich, dass ich beschloss, keine Gastredner mehr in unsere Kirche einzuladen, aber ihr standet schon in unserem Veranstaltungskalender.«

Er entschuldigte sich weiter dafür, dass er so übers Ziel hinausgeschossen war, bis ich ihn unterbrach: »Hör zu, ich weiß zu schätzen, was du tust, um meine Besuche angenehm zu gestalten, aber es macht mir nichts aus, in deinem Auto mitzufahren oder bei McDonald's zu essen. Es macht mir auch nichts aus, in einem normalen Hotelzimmer zu übernachten. Ich möchte euch nicht zur Last fallen. Ich bin hierhergekommen, um euch zu segnen.«

Leider vermitteln viele Diener Gottes der Welt ein falsches Bild von Jesus. Es ist wahr, dass der Arbeiter seines Lohnes wert ist (Lk 10,7), aber wir sollten den Vater so darstellen, wie Jesus es tat. Er war sanftmütig und von Herzen demütig (Mt 11,29). Er kam nicht, um sich selbst etwas Gutes zu tun, sondern um uns zu dienen (Joh 13,13–17). Wir müssen uns demütigen und den Segen annehmen, den der Herr uns zukommen lässt, aber wir müssen auch demütig genug sein, uns nicht selbst zu überheben (Jak 4,10; 1Petr 5,6).

Brüder und Schwestern, das Leben dreht sich nicht nur um uns. Wir sind gesegnet, um ein Segen zu sein (5Mo 8,18). Wir sollen nicht selbstsüchtig leben und alle Wohltaten der Gnade auf uns selbst häufen, bis es nach Missbrauch und Bereicherung stinkt. Wir müssen Demut entwickeln und unsere Aufmerksamkeit auf andere richten. Nur dann werden wir wahres Leben finden.

KAPITEL 4

Der Hang zur Selbsterhöhung

Die meisten Menschen sind nicht bereit, sich zu demütigen und darauf zu vertrauen, dass Gott sie zu seiner Zeit zu Ehre bringt (1Petr 5,6). In ihrem Herzen wissen sie, dass zum Leben mehr gehört als unternehmerischer Erfolg und ein höheres Einkommen, aber sie opfern ihre Familie, ihre Gesundheit und ihr Gewissen, um ihren Aufstieg zu sichern. Sie setzen Gott nicht an erste Stelle. Sie beten das allmächtige Geld an. Der Kolosserbrief nennt das Götzendienst (Kol 3,5).

Der frühere Geschäftsführer unseres Dienstes und jetziger Leiter unserer Charis Business School, Paul Milligan, war zuvor in der Produktentwicklung eines großen Unternehmens tätig. Bedauerlicherweise begann einer seiner Vorgesetzten, Pauls Ideen zu stehlen und sie dem Management als seine eigenen zu präsentieren. Pauls Ideen brachten dem Unternehmen viel Erfolg ein, doch die Anerkennung dafür bekam nicht er. Anstatt sich durch diese Ungerechtigkeit von seiner guten Arbeitsmoral abbringen zu lassen, arbeitete Paul weiter so, als gelte es allein dem Herrn, und vertraute darauf, dass Gott ihn belohnen würde. Fast ein Jahr später wurde Paul befördert, nachdem das Verhalten seines Vorgesetzten aufflog. Pauls Demut während dieser Zeit wurde als einer der Gründe für seine Beförderung genannt. Paul widerstand der Versuchung, seinen Aufstieg selbst voranzutreiben, und Gott hat seine Demut gewürdigt.

Du musst niemandem in den Rücken fallen, um befördert zu werden. Du musst die Wahrheit nicht manipulieren, damit andere dich im bestmöglichen Licht sehen. In 2. Mose 20,16 heißt es: »Du sollst kein falsches Zeugnis reden gegen deinen Nächsten!« Falsches Zeugnis reden ist etwas anderes als lügen. Menschen, die falsches Zeugnis reden, stellen Informationen in einer Weise dar, dass sie ihren persönlichen Zielen dienen. Politiker und Geschäftsleute tun dies ständig. Wenn ein Verkäufer sein Spitzenmodell mit dem Basismodell eines Mitbewerbers vergleicht, bringt er dich vielleicht dazu, mehr für ein Produkt zu bezahlen, das sich nicht wesentlich von anderen auf dem Markt unterscheidet. Nichts, was der Verkäufer gesagt hat, war technisch gesehen eine Lüge, aber er hat falsches Zeugnis abgelegt.

Selbsterhöhung ist der schnelle Weg zur Demütigung. In den Sprüchen heißt es, dass wir erniedrigt werden, wenn wir uns selbst erhöhen und voller Stolz sind (Spr 16,18).

Ich erinnere mich, wie ich vor Jahren einen Bericht über den landesweiten Aufstieg eines jungen Profisportlers verfolgte. Er hatte einen Titel gewonnen und mehrere Werbeverträge unterzeichnet. Es wurde sogar ein Tanz nach ihm benannt. Doch dieser junge Mann war sehr stolz geworden. Wenige Tage vor dem größten Spiel seiner Karriere machte er auf allen großen Sendern des Landes Werbung für sich und verleumdete seine Konkurrenten. (Brüder und Schwestern, wenn ihr diese Art von Arroganz und Selbstdarstellung seht, garantiere ich euch, dass dies der Auftakt zu einem Desaster ist). Alle dachten, dieser Sportler werde als Sieger vom Platz gehen, aber sein Team wurde so vernichtend geschlagen, dass er während der Pressekonferenz nach dem Spiel nur noch vor sich hin schmollte. Er weigerte sich, irgendjemanden anzuschauen und marschierte schließlich wortlos hinaus. Es war die totale Erniedrigung für ihn.

Stolz kommt vor dem Zusammenbruch, und Hochmut kommt vor dem Fall. Besser bescheiden sein mit den Demütigen, als Beute teilen mit den Stolzen.
— Sprüche 16,18–19

Im ersten Jahrhundert setzte der Apostel Paulus Timotheus als Leiter der Gemeinde in Ephesus ein (1Tim 1,3). Einige Gelehrte glauben, dass die Kirche in Ephesus eine der größten Kirchen jener Zeit war. Manche schätzen, dass sie bis zu 100.000 Menschen gezählt haben könnte. Nachdem er Timotheus als Pastor für all diese Gläubigen eingesetzt hatte, forderte Paulus ihn auf, sich von niemandem wegen seiner Jugend verachten zu lassen. »Sei den Gläubigen ein Vorbild im Reden, im Verhalten, in der Liebe, im Geist, im Glauben und in der Reinheit« (1Tim 4,12 NKJV). Mit anderen Worten: Er wies Timotheus an, sich ihren Respekt zu verdienen. Man kann Menschen nicht zwingen, einen zu respektieren oder auf eine bestimmte Weise zu behandeln. Respekt muss man sich verdienen.

Ich finde es interessant, dass Paulus den Leuten dort in Ephesus nicht auftrug, Timotheus zu respektieren. Paulus hat diese Gemeinde gegründet. Die Menschen dort waren »seine« Bekehrten. Paulus hätte seine Autorität dazu nutzen können, Timotheus den Einstieg in Ephesus zu erleichtern, aber er tat es nicht. Er ermutigte Timotheus auch nicht, seine Stellung als Pastor zu nutzen, um Respekt zu verlangen. Er sagte Timotheus, er solle ihn sich mithilfe seines Charakters verdienen.

In der westlichen Kultur ist dies ein eher ungewohntes Konzept – selbst unter Christen. Wir glauben, Ziel des Lebens sei es, für uns und unsere Familien bestmöglich zu sorgen. Wir vermarkten uns selbst und tun alles, was nötig ist, um unsere Interessen so gut es geht zu schützen. Wir versuchen, alles herauszuholen, so viel wie möglich einzusacken und alles für uns zu behalten. Von anderen verlangen wir dann, dass sie unsere Großartigkeit anerkennen. Aber Jesus sagte:

> *»Wenn jemand mir nachkommen will, so verleugne er sich selbst und nehme sein Kreuz auf sich und folge mir nach! Denn wer sein Leben retten will, der wird es verlieren; wer aber sein Leben verliert um meinetwillen, der wird es finden.« — Matthäus 16,24–25*

Selbstverleugnung stößt bei den meisten Menschen auf Ablehnung. Sie wollen nicht sterben. Sie wollen kein Kreuz auf sich nehmen – etwas, an dem das Ich stirbt –, um Gott und andere Menschen über ihr eigenes Wohlbefinden zu stellen. In Epheser 6 sagte Paulus, der unter der Eingebung des Heiligen Geistes sprach:

> *Ihr Knechte, gehorcht euren leiblichen Herren mit Furcht und Zittern, in Einfalt eures Herzens, als dem Christus; nicht mit Augendienerei, um Menschen zu gefallen, sondern als Knechte des Christus, die den Willen Gottes von Herzen tun. — Epheser 6,5–6*

Diese Verse lassen heutige Leser und Leserinnen erschaudern, vor allem, wenn ihnen bewusst wird, dass Paulus zu Menschen einer von Sklaverei geprägten Kultur gesprochen hat. Und trotz der herrschenden Kultur vertrat Paulus nicht die Auffassung, dass Sklaven ihre Herren hassen oder ihre Stellung verachten sollten. Stattdessen forderte er sie auf, »als dem Christus« zu dienen. Versteh mich nicht falsch – Sklaverei ist eine furchtbare Praxis. Sie ist nicht der Wille Gottes. Aber darum ging es in Paulus' Aussage nicht. Es ging um Demut.

Anderen zu dienen, als würde man Christus dienen, und das Richtige zu tun, auch wenn niemand hinsieht – das ist der Wille Gottes. Die meisten Menschen denken nicht auf diese Weise. Aber wenn man nur für die Beförderung und das eigene Prestige arbeitet, macht man Gott keine Freude. Wenn du jedes Mal, wenn der Chef nicht hinsieht, herumblödelst oder regelmäßig zu spät zur Arbeit kommst und früher gehst, ehrst du Gott nicht. Wenn du eine zehnminütige Pause zu einer fünfzehnminütigen ausdehnst oder Büromaterial mit nach Hause nimmst, weil du denkst, es werde schon niemand merken, dienst du nicht »als dem Christus«.

Paulus fügte in Epheser 6,8 hinzu: »Was ein jeder Gutes tun wird, das wird er von dem Herrn empfangen, er sei ein Sklave oder ein Freier.« Wir arbeiten nicht dafür, dass andere uns loben und anerkennen. Wir arbeiten nicht nur, um unsere Rechnungen zu bezahlen. Wir arbeiten, um den Herrn zu ehren. Wir arbeiten, damit wir ein Segen sein können (Eph 4,28).

Anderen zu dienen, als würde man Christus dienen,
und das Richtige zu tun, auch wenn niemand hinsieht –
das ist der Wille Gottes.

Ob du nun Geschäftsführer oder Hausmeister bist, Christus hat dich dazu berufen, dein Leben niederzulegen, dein Kreuz auf dich zu nehmen und ihm zu folgen, indem du anderen dienst – nicht, damit du von Menschen Anerkennung bekommst, sondern damit Gott dich belohnen kann.

Manche mögen sagen: »Mit einer solchen Einstellung würde jeder mit mir machen, was er will.« Das ist nicht wahr. Ich bin verleumdet worden. Die Leute haben Lügen über mich verbreitet. Man hat mir vorgeworfen, mein Dienst sei die »raffinierteste Sekte seit Jim Jones«. Einmal hat sich ein Mann, dem ich zuvor nie begegnet war, bösartig gegen mich geäußert. Ich wusste um die schrecklichen Dinge, die er sagte, aber ich war entschlossen, nicht zurückzuschlagen, und Gott hat es letztendlich geregelt. Irgendwann landeten wir auf der gleichen Konferenz. Ich war dort kein Redner, sondern als Ehrengast geladen, und Gott begann, sich mit dem Herzen dieses Mannes zu befassen. Dann kam er vor 500 Menschen auf die Bühne, fiel vor mir auf die Knie und bat um Vergebung! Keine Chance, dass ich diese Situation je selbst so hätte ausgehen lassen können. Aber weil ich es in Gottes Hände gelegt habe, hat Gott mich verteidigt.

Gott kann dich besser verteidigen, als du selbst es je könntest! Er vergisst das Schreien der Elenden nicht (Ps 9,13). Die Bibel sagt: »Mein ist die Rache; ich will vergelten, spricht der Herr« (Röm 12,19). Vergeltung ist Gottes Sache. Er wird jedes Unrecht wiedergutmachen. Der Stolz wird in seine Schranken verwiesen. Doch wenn du Gottes Aufgabe übernimmst und dich selbst verteidigst, lässt du keinen Raum für Gottes Gericht. Der Prophet Jesaja sagte:

> *Die stolzen Augen der Menschen werden erniedrigt, und der Hochmut der Männer wird gebeugt werden; der HERR aber wird allein erhaben sein an jenem Tag. Denn es kommt ein Tag [des Gerichts] von dem HERRN der Heerscharen über alles Stolze und Hohe und über alles Erhabene, und es wird erniedrigt werden. — Jesaja 2,11–12*

Und König David sagte: »Deine Unschuld wird er sichtbar machen so hell wie das Licht des Tages, und die Rechtmäßigkeit deiner Sache wird leuchten wie die Mittagssonne« (Ps 37,6 NLB). Sei geduldig, demütige dich und warte auf den Herrn.

Das ist das Prinzip, nach dem das Reich Gottes funktioniert. Es begünstigt die Demütigen. Maria, die Mutter Jesu, sang: »Er stößt die Mächtigen von ihren Thronen und erhöht die Niedrigen« (Lk 1,52). Jakobus, der Halbbruder Jesu, schrieb: »Demütigt euch vor dem Herrn, so wird er euch erheben« (Jak 4,10). Der Apostel Petrus schrieb etwas Ähnliches:

> *Ebenso ihr Jüngeren, ordnet euch den Älteren unter; ihr alle sollt euch gegenseitig unterordnen und mit Demut bekleiden! Denn »Gott widersteht den Hochmütigen; den Demütigen aber gibt er Gnade«. So demütigt euch nun unter die gewaltige Hand Gottes, damit er euch erhöhe zu seiner Zeit!*
> *— 1. Petrus 5,5–6*

Jesus sagte: »Der Größte aber unter euch soll euer Diener sein. Wer sich aber selbst erhöht, der wird erniedrigt werden; und wer sich selbst erniedrigt, der wird erhöht werden« (Mt 23,11–12). Wenn du eine Beförderung erfahren willst, wenn du willst, dass Gott dich gebraucht, musst du lernen, dich zu demütigen.

Ich bin kein perfektes Beispiel dafür, aber ich kann aufrichtig sagen, dass ich schon einige Gelegenheiten ausgelassen habe, für mich selbst zu werben und Menschen durch Manipulation als Unterstützer dessen zu gewinnen, was wir weltweit tun. Auch wenn diese Gelegenheiten so wirkten, als hätten sie das Wachstum des Dienstes »beschleunigen« können, beschloss ich, mich zu demütigen und auf Gott zu warten. Jetzt erhöht Gott mich, schenkt mir Verbindungen und Einfluss, wie ich es aus eigener Kraft nie hätte bewerkstelligen können. Gott bringt uns mit führenden Persönlichkeiten der Unterhaltungsbranche, der Welt der Politik und der

Wirtschaftswelt zusammen. Er hat hochkarätige Leute dazu gebracht, im Dienst und am Charis Bible College (CBC) mitzuwirken. Und ich erreiche mit meinem Dienst jetzt an einem einzigen Tag mehr Menschen als insgesamt in all den Jahren zuvor! Es ist einfach erstaunlich.

KAPITEL 5

Die Wurzel des Ungehorsams

Stolz ist die Wurzel des Ungehorsams. Ich weiß, dies ist eine drastische Aussage, und niemand hört sie gern, aber sie ist dennoch wahr. Zu wissen, was richtig ist, und sich zu weigern, es zu tun, ist Sünde (Jak 4,17). Und diese Sünde ist eine direkte Folge von Stolz.

Als Mose und Aaron in Ägypten waren und den Pharao um die Freilassung der Israeliten baten, hatten die Plagen bereits begonnen. Doch der Pharao weigerte sich, nachzugeben. Er verhärtete sein Herz immer weiter und gehorchte Gott nicht. Schließlich, nach der siebten Plage, kamen Mose und Aaron zum Pharao und sagten: »So spricht der HERR, der Gott der Hebräer: Wie lange willst du dich noch weigern, dich vor mir zu demütigen? Lass mein Volk ziehen, damit es mir dient!« (2Mo 10,3).

Der Ungehorsam des Pharaos entsprang einem Herzen voller Stolz – und bei deinem ist es nicht anders. Jede Form des Ungehorsams, ob du nun drogensüchtig bist oder Unversöhnlichkeit in dir trägst, ist Stolz. Man verlässt sich auf seinen eigenen Verstand, anstatt darauf zu vertrauen, dass Gott nur das Beste für einen will (Spr 3,5–6). Sünde ist dumm. Verzeih mir, dass ich so unverblümt bin. Aber die Sünde schadet nicht nur dir, sondern auch allen anderen um dich herum. Deine Entscheidungen sind wie sich stetig ausbreitende Wellen in einem Teich. Sie berühren alles und jeden innerhalb der Teichgrenzen.

Vor kurzem rief ich eine Frau an, die mit einem Pastor verheiratet gewesen war. Sie und ihr Mann hatten uns jahrelang unterstützt. Doch eines Tages tötete einer ihrer Söhne im Alkohol- und Drogenrausch seinen Vater, ihren Ehemann, direkt vor ihren Augen. Er konnte sich später nicht einmal mehr an die Tat erinnern.

Sünde schadet nicht nur dir, sondern auch allen anderen um dich herum. Deine Entscheidungen sind wie sich stetig ausbreitende Wellen in einem Teich.

Dieser junge Mann ist wiedergeboren und geisterfüllt. Bestimmt fühlte er sich wegen dem, was er angerichtet hatte, ganz schrecklich, als er wieder klar denken konnte, aber das änderte nichts an der Situation. Eine Kirche ist jetzt ohne Pastor, diese Frau ist ohne ihren Ehemann, und der junge Mann sitzt im Gefängnis. Seine Entscheidung, Drogen zu nehmen und sich zu betrinken, hatte nicht nur Auswirkungen auf ihn. Er hat vielen Menschen durch sein Handeln Leid zugefügt.

Dein Leben mag dir so elend vorkommen, dass du die kurze Zeit, in der du dich mit Sünde betäubst, als willkommene Atempause empfindest, aber – und das sage ich in Liebe – das Leben dreht sich nicht nur um dich. Denk an die Menschen, die dich lieben. Denk an deine Eltern, deine Kinder. Die Entscheidungen des Pharaos wirkten sich auf ganz Ägypten aus. Ägypter, die nichts mit den israelitischen Sklaven zu tun hatten, mussten sich trotzdem mit Fröschen, Fliegen, Geschwüren und Hagelstürmen herumschlagen. Ihr Vieh und ihre Kinder wurden getötet. Ihre Ernten wurden vernichtet. Der Stolz des Pharaos fügte ganz Ägypten Schaden zu, nicht nur dem Palast.

Der Schmerz, den du heute erlebst, wird nicht dein ganzes Leben lang anhalten. Jeder macht schwere Zeiten durch. Wir alle sind mit Umständen konfrontiert, die unüberwindbar erscheinen. Aber es liegt noch viel Leben vor dir. Es gibt noch Gutes, noch Freude (Ps 27,13). Ich erinnere mich an die Zeit, als mein jüngster Sohn eine Phase großer Dummheit durchlebte. Jamie und ich verließen uns auf Gottes Wort für sein Leben, aber er traf einige wirklich schlechte Entscheidungen. Als diese Entscheidungen ihn schließlich einholten, sagte er: »Ich habe niemandem außer mir selbst geschadet.« Der Geist der schallenden Ohrfeige kam über mich! Ich wollte schreien: »Wie dumm kann man sein und trotzdem noch atmen? Schau, was du deiner Mutter und mir angetan hast. Sieh, wie sich dein Handeln auf die Menschen um dich herum ausgewirkt hat!«

So wie sich die Entscheidungen des Pharaos auf ganz Ägypten auswirkten, so wirkten sich die Entscheidungen Nebukadnezars auf ganz Babylon aus. Deren Folgen reichten sogar bis in die nachfolgenden Generationen hinein. In Daniel 5 lesen wir von Nebukadnezars Enkel, Belsazar, der die Herrschaft übernommen hatte. Irgendwann während seiner Regentschaft schmiss er eine wilde Party und befahl seinen Dienern, die aus dem Tempel in Jerusalem gestohlenen goldenen und silbernen Gefäße als Serviergeschirr zu verwenden. Er und seine Gäste stießen mit diesen heiligen Gegenständen auf die Götter aus Gold und Silber, Messing, Eisen, Stein und Holz an und missachteten damit Gott und das jüdische Volk. Plötzlich erschien eine Hand in der Luft und schrieb »Mene, mene, tekel upharsin!« an die Wand (Dan 5,25).

Belsazar jagte dies einen solchen Schrecken ein, dass er seine Astrologen und Weisen rief, damit sie den Inhalt der Botschaft deuteten. Obwohl er eine hohe Belohnung in Aussicht stellte, konnte niemand die Schrift an der Wand lesen. Als die Königin von dem Vorfall erfuhr, sagte sie dem König, er solle sich keine Sorgen machen. Sie erklärte ihm: »Es gibt einen Mann in deinem Königreich, in dem der Geist der heiligen Götter ist … der wird dir die Deutung sagen!« (Dan 5,11–12). Also führten sie Daniel zum König hinein. Noch bevor Daniel die Schrift an der Wand las und deren Bedeutung für Belsazar deutete, sagte er dem König, er solle seine Geschenke behalten, und erzählte ihm dann die Geschichte von Belsazars Großvater und dessen Kampf mit dem Stolz:

> *O König! Gott, der Allerhöchste, hat deinem Vater Nebukadnezar das Königtum, die Majestät, die Ehre und die Herrlichkeit verliehen; und wegen der Majestät, die Er ihm gab, zitterten und bebten vor ihm alle Völker, Stämme und Sprachen; denn er tötete, wen er wollte, und ließ leben, wen er wollte; er erhöhte, wen er wollte, und erniedrigte, wen er wollte. Da sich aber sein Herz erhob und sein Geist übermütig wurde bis zur Vermessenheit, wurde er von seinem königlichen Thron gestürzt, und seine Würde wurde ihm genommen; man verstieß ihn von den Menschenkindern, und sein Herz wurde den Tieren gleich; er wohnte bei den Wildeseln, und man fütterte ihn mit Gras wie die Ochsen, und sein Leib wurde vom Tau des Himmels benetzt, bis er erkannte, dass Gott, der Allerhöchste, Macht hat über das Königtum der Menschen und darüber setzt, wen er will.*
> *— Daniel 5,18–21*

Daniel erklärte Belsazar, dass Gott die Quelle des großväterlichen Erfolgs gewesen war. Er hatte es Nebukadnezar ermöglicht, Völker zu erobern und Reichtum und Macht anzuhäufen. Aber Nebukadnezar hatte Gott nicht als die Quelle dieser Dinge anerkannt. Er hatte den Ruhm Babylons für sich in Anspruch genommen, und Gott musste seinen Stolz richten.

Ich weiß, wie schwer sich Menschen mit diesem Thema tun. Sie glauben, Erfolg sei das Ergebnis ihrer eigenen Anstrengungen und Wohlstand eine gerechte Belohnung für die vielen geleisteten Stunden des Lernens und Arbeitens und für ihre Sparsamkeit. Sie erkennen Gott nicht als ihre Quelle an, aber es ist Gott, der bewirkt hat, dass wir in dieser Zeit leben – in der wohl blühendsten Zeit der Geschichte. Er hat uns an unseren Platz gestellt. Jeder von uns hätte auch irgendwo anders auf der Welt geboren werden können. Wir hätten in ein Kastensystem oder in ein Land hineingeboren werden können, das uns vorschreibt, welchen Bildungsgrad wir erreichen, welchen Berufen wir nachgehen und welchen Besitz wir haben dürfen. Wir sind gesegnet! Gott hat uns die Kraft gegeben, zu arbeiten. Er hat uns Talente geschenkt, die wir entwickeln können, und ein funktionierendes Gehirn. Es bräuchte nicht viel, um das zu ändern. Es würde genügen, die Körperchemie ein wenig durcheinander zu mixen oder ein zusätzliches Chromosom hinzuzufügen, und schon hätten wir ein echtes Problem. Wir müssen anerkennen, dass Gott uns versorgt und gesegnet hat. Das gehört zur Demut dazu.

Daniel erzählte Belsazar außerdem, dass dessen Großvater Gott nicht anerkannt habe und dass »sein Herz hochmütig wurde und sein Verstand sich in Stolz verhärtete« (Dan 5,20 KJV). Der Stolz brachte Nebukadnezars Verstand durcheinander. Er verzerrte sein Urteilsvermögen. Er ließ ihn geistlich verblöden – und bei uns heute läuft es nicht anders ab. Doch Belsazar hörte nicht auf die warnende Botschaft der Vergangenheit. Daniel fuhr fort: »Du aber, Belsazar, … hast dein Herz nicht gedemütigt, obwohl du das alles wusstest« (Dan 5,22).

Das ist wirklich verblüffend. Belsazar wusste in seinem Herzen, wie falsch es war, stolz zu sein. Er wusste, dass Gott den Stolz seines Großvaters bestraft hatte, und dennoch beharrte er auf seinem eigenen Stolz. Vielleicht dachte Belsazar, Gott würde es nicht bemerken oder würde nichts dergleichen mehr tun. Vielleicht fühlte er sich unangreifbar. Ich weiß es nicht. Aber ich kenne eine Menge Menschen, die auch heute so leben. Sie wissen in ihrem Herzen, dass Ungehorsam, Selbstverherrlichung und Stolz falsch sind. Sie wissen, dass es Gott gibt und dass er jeden Menschen nach seinen Taten belohnt, und doch leben sie weiter nach ihren eigenen Vorstellungen (Jer 17,10; Offb 22,12). Und wie Belsazar werden sie schließlich die Konsequenzen daraus tragen.

Vielleicht dachte Belsazar, Gott würde es nicht bemerken oder würde nichts dergleichen mehr tun. Vielleicht fühlte er sich unangreifbar.

Daniel deutete die Handschrift an der Wand und ließ Belsazar wissen:

So lautet aber die Schrift, die geschrieben steht: »Mene, mene, tekel upharsin!« Und das ist die Bedeutung des Spruches: »Mene« bedeutet: Gott hat die Tage deines Königtums gezählt und ihm ein Ende bereitet! »Tekel« bedeutet: Du bist auf einer Waage gewogen und zu leicht erfunden worden! »Peres« bedeutet: Dein Königreich wird zerteilt und den Medern und Persern gegeben werden! — Daniel 5,25–28

Babylon galt als uneinnehmbar, aber noch in derselben Nacht fielen die Meder und Perser in das Königreich ein und unterwarfen es. Belsazar verlor sein Reich aufgrund seines Stolzes. Aber ist dir eigentlich bewusst, dass auch Sodom und Gomorra wegen ihres Stolzes untergegangen sind?

> *Siehe, das war die Sünde deiner Schwester Sodom: Hochmut, Speise in Fülle und sorglose Ruhe wurde ihr und ihren Töchtern zuteil; aber dem Armen und Bedürftigen reichten sie nie die Hand, sondern sie waren stolz und verübten Gräuel vor mir; deswegen habe ich sie auch hinweggetan, als ich es sah. — Hesekiel 16,49–50*

Gott bestrafte den Stolz und die Frevelhaftigkeit von Sodom und Gomorra mit Feuer und Schwefel. Er radierte die Städte als Schutzmaßnahme vollständig aus, um sicherzustellen, dass sich ihre Verderbtheit nicht wie ein Krebsgeschwür auf die umliegenden Gebiete ausbreiten würde. Homosexualität und auch alle Formen sexueller Perversion sind Sünde, aber die Wurzel dieser Sünde ist Stolz.

Gott schuf den Menschen als Mann und Frau, Adam und Eva. Und der Herr, Gott, brachte Eva zu Adam. Die Bibel stellt fest: »Darum wird ein Mann seinen Vater und seine Mutter verlassen und seiner Frau anhängen, und sie werden ein Fleisch sein« (1Mo 2,24). Adam und Eva hatten keine Mutter und keinen Vater. Ich denke also, man kann mit Sicherheit sagen, dass diese Schriftstelle nicht nur für sie geschrieben wurde. Gott definiert die Ehe so, dass ein Mann sein Elternhaus verlässt, um seiner Ehefrau – also einem weiblichen Wesen – »anhängig« zu werden und seine eigene Familie zu gründen (Mal 2,15). Ein Mann »hängt« sich nicht an einen Freund (Röm 1,27). Er »hängt« sich nicht an eine Freundin

(1Kor 6,9–10). Genauso wenig »hängt« er sich an sein Haustier oder an die Ehepartnerin des Nachbarn (3Mo 20,15–16; 2Mo 20,14). Er »hängt« sich an seine Ehefrau. Unabhängig davon, was die Kultur dazu meint, ist es Stolz, irgendwelche anderen Ansichten über Gottes Ansichten zu stellen. Und dieser Stolz wird schlussendlich zur Sünde führen.

KAPITEL 6

Was Gott von uns verlangt

Stolz ist wie ein Stock – es gibt zwei Enden. Das eine Ende ist offensichtlich. Es zeigt sich als Arroganz und Eitelkeit. Menschen, die in dieser Form des Stolzes auftreten, überhöhen ihre eigenen Erfolge und schieben die Schuld für ihre Misserfolge auf andere. Ihnen ist es wichtig, dass man stets nur Gutes von ihnen hält. Sie können weder jemand anderem Anerkennung zollen noch die Siege anderer feiern. Solche Menschen müssen stets im Zentrum der Aufmerksamkeit stehen.

Am anderen »Stockende« zeigt sich der Stolz weitaus subtiler. Er äußert sich in Schüchternheit und geringem Selbstwertgefühl in Form von falscher Demut. Menschen, die diese Art Stolz aufweisen, werten sich selbst ab und ziehen sich ins Lächerliche, bevor es womöglich andere tun. Sie halten sich strikt im Hintergrund und machen sich ständig Gedanken darüber, was andere von ihnen halten. Sie fühlen sich unwürdig und haben oft Mühe mit dem Glauben. Diese Menschen wissen, dass Gott heilen, befreien und für Wohlergehen sorgen kann, aber sie wissen nicht, ob er diese guten Dinge auch für sie tun will. Sie fühlen sich nicht würdig, aber auch das ist Stolz.

Stolz, in seiner einfachsten Form, ist Selbstbezogenheit. Es spielt keine Rolle, ob du dich selbst erhöhst, dich versteckst oder dich selbst erniedrigst; wenn deine Einstellungen und Handlungen auf dich selbst ausgerichtet sind, lebst du in Stolz.

In Jesaja 3 heißt es:

Und der HERR sprach: Weil die Töchter Zions stolz geworden sind und mit emporgerecktem Hals einhergehen und herausfordernde Blicke werfen; weil sie trippelnd einherstolzieren und mit ihren Fußspangen klirren, deshalb wird der Herr den Scheitel der Töchter Zions kahl machen, und der HERR wird ihre Scham entblößen. An jenem Tag wird der Herr die Zierde der Fußspangen, der Stirnbänder und Halbmonde wegnehmen, die Ohrgehänge, die Armspangen, die Schleier, die Kopfbünde, die Schrittfesseln und die Gürtel, die Riechfläschchen und die Amulette, die Fingerringe und die Nasenringe, die Festkleider und die Mäntel, die Überwürfe und die Täschchen; die Handspiegel und die Hemden, die Hüte und die Schleier. — Jesaja 3,16–23

Dies ist wahrscheinlich keine Textstelle, die du in deiner Bibel besonders markiert hast, aber sie beschreibt sehr gut unsere heutige Zeit. Dieser Abschnitt liest sich so, als blättere man ein Modemagazin durch oder verfolge eine Werbesendung im Fernsehen. Es geht um all die Dinge, die von den Trendsettern unserer Zeit beworben und angepriesen werden – Kleidung, Auftreten, Schmuck, Make-up, Frisuren und Parfüm. Obwohl diese Verse an Frauen gerichtet sind, gelten sie nicht nur ihnen. Sie gelten jedem Menschen, der sein Leben mit Stolz, Selbstdarstellung und Äußerlichkeiten vergeudet. Und was sind die Folgen eines solchen Lebensstils? Man beachte, was der folgende Vers in Jesaja dazu sagt:

Und es wird geschehen: Statt des Wohlgeruchs gibt es Moder, statt des Gürtels einen Strick, statt der gekräuselten Haare eine Glatze, statt des Prunkgewandes einen Kittel aus Sacktuch und ein Brandmal statt der Schönheit.
— Jesaja 3,24

Es schwindet alles dahin. Petrus greift diesen Abschnitt auf und sagt in 1. Petrus 3,3–4: »Euer Schmuck soll nicht der äußerliche sein, Haarflechten und Anlegen von Goldgeschmeide oder Kleidung, sondern der verborgene Mensch des Herzens in dem unvergänglichen Schmuck eines sanften und stillen Geistes, der vor Gott sehr kostbar ist.«

Man darf angesichts dieser Verse aber nicht in Extreme verfallen. Es geht bei dem Gesagten nicht darum, dass es falsch wäre, schöne Kleidung zu tragen, eine schicke Frisur zu haben oder Schmuck anzulegen. Ich weiß, dass es religiöse Sekten gibt, die dies als Grundsatz auf die Spitze treiben und Frauen nicht erlauben, sich die Haare kurz zu schneiden, Schmuck zu tragen oder Hosen anzuziehen. Mir sind sogar persönlich Fälle bekannt, wo Personen aufgrund ihrer natürlichen Schönheit gezwungen wurden, Make-up aufzulegen, um ihre rosigen Wangen und Lippen abzudecken. Das ist einfach bizarr. Wenn dieser Vers wirklich das Tragen von Goldschmuck oder das Flechten der Haare verbieten würde, dann wäre er auch ein Verbot des Tragens von Kleidung. Menschen, die andere anhand dieses Verses kritisieren, tun genau das, was dieser Vers verbietet – sie achten nur auf das Äußere.

Diese Verse geben uns keine Liste von Regeln, die es zu befolgen gilt. Gottes Gnade lässt viel Spielraum für unterschiedliche Vorlieben bei Kleidung und Styling. Aber mehr Zeit auf Kleidung, Make-up und Frisuren zu verwenden als auf das Streben nach dem Herrn, ist unausgewogen. Petrus sagt mit vorstehendem Vers Folgendes: Unser »Schmuck« sollte nicht in unserem äußeren Erscheinungsbild bestehen, sondern in dem »verborgenen Menschen des Herzens«. Äußerliche Schönheit reicht nicht bis unter die Haut und hat ein Verfallsdatum. Aber eine Gott liebende und demütige Haltung des Herzens macht in jedem Alter attraktiv.

In Jeremia 10,23 heißt es: »Ich weiß, HERR, dass der Weg des Menschen nicht in seiner Macht steht, dass der Mann, wenn er geht, seine Schritte nicht lenken kann.« Wir haben die Wahl. Wir können entweder den Entschluss fassen, unsere Schritte selbst zu lenken, oder uns dafür entscheiden, den Thron unseres Lebens zu räumen und ihn Gott zu überlassen. Demut bedeutet, unser Leben Gott zu überantworten und zu sagen: »Gott, du bist die Quelle. Ich bin nicht klug genug, um mein Leben auf eigene Faust zu führen. Ich brauche dich.« Demut ist der Zustand, in dem sich unser Herz befindet, wenn es sich Gott unterordnet.

Äußerliche Schönheit reicht nicht bis unter die Haut und hat ein Verfallsdatum. Aber eine Gott liebende und demütige Haltung des Herzens macht in jedem Alter attraktiv.

In 1. Petrus 5,7 wird uns gesagt, dass wir alle unsere Sorgen auf den Herrn werfen sollen, weil er für uns sorgt. Falls du dich vom Gewicht familiärer Beziehungen, beruflicher Anforderungen oder persönlicher Verpflichtungen überlastet fühlst, wirfst du deine Sorgen nicht auf den Herrn. Falls du nachts wach liegst und dich gedanklich mit To-do-Listen herumschlägst, fehlt es dir einfach an Demut. Du kannst nicht für alles eine Lösung finden. Du kannst nur das tun, was Gott dir aufträgt; den Rest musst du in seine Hände legen (1Kor 3,7). Vertraue darauf, dass Gott stets dein »bewährter Helfer« sein wird (Ps 46,2 HFA).

Als mein jüngster Sohn drei Jahre alt war, sprach Gott diese Wahrheit auf sehr praktische Weise zu meinem Herzen. Mein Sohn und ich wollten gerade eine öffentliche Toilette verlassen.

Deren Eingangstür hatte ein Federdruck-Scharnier und war sehr schwer zu öffnen. Mein Sohn griff nach dem Türknauf und zog mit aller Kraft, aber er bekam die Tür nicht auf. Er versuchte, mehr Druck auszuüben, indem er seinen Fuß gegen die Tür stellte, aber das war kontraproduktiv. Er drehte sich zu mir um, die Hände immer noch um den Knauf gelegt, und bat leise um Hilfe. »Peter«, sagte ich ihm, »wenn du nicht loslässt, kann ich die Tür nicht öffnen. Ich würde deinen Händen wehtun.« Sogleich sprach der Herr zu meinem Herzen. »Andrew, solange du deine Probleme nicht loslässt, kann auch ich dir nicht helfen, ohne dich zu verletzen.«

An diese Worte habe ich mich im Laufe der Jahre immer wieder erinnert, insbesondere während der aktuellen Bauphase in Woodland Park. Zum Zeitpunkt der Erstellung dieses Buches haben wir über 90 Millionen Dollar für den Bau eines erstklassigen Bibelschulcampus in den Bergen von Colorado ausgegeben. Aber wir stehen erst am Anfang. Ich trage eine Vision in der Größenordnung von Hunderten Millionen Dollar in meinem Herzen! Ich bin demütig und dankbar für das, was Gott in den letzten zehn Jahren durch Andrew Wommack Ministries und Charis getan hat, aber ich weiß, wenn er mich vor elf Jahren gebeten hätte, diese Dinge zu tun, wäre ich in Panik geraten. Ich erinnere mich an die Zeit, als der Dienst Mühe hatte, Rechnungen über 2000 Dollar zu bezahlen, und ich wegen solcher Dinge nachts nicht schlafen konnte. Gott sei Dank bin ich seitdem in meinem Verständnis gewachsen! Ich verstehe jetzt, dass es nicht meine Aufgabe ist, die Dinge zu bewerkstelligen, die Gott in mein Herz gelegt hat. Meine Aufgabe ist es, auf das, was er zu tun vermag, mit Glauben zu reagieren und zu wissen, dass er dort, wo er mich hinführt, auch für die Versorgung zuständig ist. Heute benötigt der Dienst stündlich Tausende von Dollar, um seinen Verpflichtungen nachzukommen. Das ist eine Menge Geld – Geld, das ich persönlich nicht habe. Aber ich kann nachts trotzdem ruhig schlafen. Ich habe gelernt, meine Sorgen auf den Herrn zu werfen. Das ist Demut.

Meine Aufgabe ist es, auf das, was er zu tun vermag, mit Glauben zu reagieren und zu wissen, dass er dort, wo er mich hinführt, auch für die Versorgung zuständig ist.

Die Beziehung mit Gott soll nicht kompliziert sein. Wir müssen nicht einen Haufen Regeln auswendig lernen oder unsere Hingabe an Gott durch Rituale und Opfer beweisen. Jesus hat die Anforderungen des Gesetzes erfüllt (Mt 5,17). Alles, was Gott von uns verlangt, ist im Buch Micha zusammengefasst:

> *Es ist dir gesagt, o Mensch, was gut ist und was der HERR von dir fordert: Was anders als Recht tun, Liebe üben und demütig wandeln mit deinem Gott? — Micha 6,8*

Gerecht handeln, Liebe üben und demütig leben vor Gott. Nicht viele Leute halten sich heutzutage daran – vor allem, weil es nicht gelehrt wird. Römer 10,17 besagt, dass der Glaube aus dem Hören komme, dem Hören des Wortes Gottes. Wir können nicht an etwas glauben oder auf etwas vertrauen, das wir nie gehört haben. Wenn wir nicht verstehen, dass Demut die Gnade Gottes freisetzt, werden wir seine Gnade nicht erfahren. Wenn wir die Gefahren und Tücken des Stolzes nicht kennen, können wir ihm nicht widerstehen. Deshalb versuche ich, dich mit biblischen Argumenten für die Wichtigkeit der Demut zu überhäufen. Ich möchte in dir Glauben wecken – einen Glauben, der dich dem Stolz widerstehen und wahre Demut erkennen lässt. Wahre Demut ist nicht auf das eigene Ich fokussiert. Sie hat sich Gott untergeordnet und stellt seinen Willen über den eigenen und das Wohlergehen anderer Menschen über das persönliche Wohlergehen.

KAPITEL 7

Wie reagiert Demut?

Unsere Gesellschaft hat keine Ahnung von Demut. Selbst Christen sind egozentrisch und selbstdarstellerisch geworden und verlassen sich nur auf sich selbst. Sie sind streitsüchtig, fordernd und kritisch. Sie haben ihr Ego noch nicht sterben lassen (Mt 16,24). Sie gieren nach Anerkennung. Sie stellen ihre eigenen Ansichten und Erfahrungen über das Wort Gottes. Anstatt auf Jesus zu schauen (Hebr 12,2), schauen die meisten Menschen auf sich selbst und haben Mühe, zu glauben. Weil sie ihre Sorge nicht auf den Herrn geworfen haben (1Petr 5,7), werden sie müde und geben ihren Glauben auf. Der Stolz hält sie gefangen. Er hindert sie daran, den vollen Nutzen der Gnade Gottes zu erfahren.

Jesus sagte einmal: »Denn wovon das Herz voll ist, davon redet der Mund« (Mt 12,34). Wenn dein Herz voller Stolz ist, werden deine Worte es zeigen. »Denn nach deinen Worten wirst du gerechtfertigt, und nach deinen Worten wirst du verurteilt werden!« (Mt 12,37).

Bevor der Prophet Samuel geboren wurde, war seine Mutter unfruchtbar gewesen. In jenen Tagen galten unfruchtbare Frauen als verflucht. Ohne Kinder konnte eine Frau ihre gesellschaftliche Rolle nicht erfüllen und hatte auch niemanden, der sich im Alter um sie kümmern würde. Samuels Mutter Hanna war untröstlich über ihre Unfruchtbarkeit und betete inbrünstig um ein Kind. Sie gelobte sogar, dass sie ihr erstes Kind an Gott übergeben werde, wenn dieser ihren Mutterleib öffnete. Als sie einmal mit ihrem Mann Elkana nach Silo ging, um dort zu beten, sah der Priester sie beim Gebet. Er nahm an, sie sei betrunken, und begann, sie zu rügen. Hanna erzählte ihm von ihrem Herzenskummer, und anstatt sie weiter zu rügen, segnete der Priester sie daraufhin (1Sam 1).

Hanna kehrte mit ihrem Mann nach Hause zurück und empfing nach einer gewissen Zeit Samuel. Als sie Samuel vor den Herrn brachte, um ihr Gelübde zu erfüllen, betete sie: »Mein Herz freut sich in dem HERRN … Niemand ist heilig wie der HERR, ja, es ist keiner außer dir; und es ist kein Fels wie unser Gott!« (1Sam 2,1–2). Dann sagte sie noch:

Redet nicht mehr so hochmütig; lasst keine Arroganz aus eurem Mund kommen; denn der HERR ist ein Gott der Erkenntnis, und von ihm werden Taten gemessen. — 1. Samuel 2,3 KJV

Gott hatte die stolzen Worte und die Schmähungen gehört, die Hanna als unfruchtbare Frau ertragen musste – sogar aus ihrem eigenen Haushalt –, und er blieb weder stumm noch untätig. Er verteidigte Hanna, indem er ihr Söhne und Töchter schenkte (1Sam 2,21). Er bestrafte auch Peninna, Elkanas andere Frau und Hannas schärfste Kritikerin, für die Art, wie sie mit Hanna umgegangen war (1Sam 2,5). Brüder und Schwestern, es gibt heutzutage eine Menge stolzes Gerede – sogar unter Christen – und das ist nicht weise.

Ihr Toren, wann wollt ihr einsichtig werden? Der das Ohr gepflanzt hat, sollte der nicht hören? Der das Auge gebildet hat, sollte der nicht sehen? Der die Völker züchtigt, sollte der nicht strafen, er, der die Menschen Erkenntnis lehrt? Der HERR erkennt die Gedanken der Menschen, dass sie nichtig sind. — Psalm 94,8b–11

Der Hebräerbrief erinnert uns hieran:

Denn wir kennen ja den, der sagt: »Die Rache ist mein; ich will vergelten!, spricht der Herr«, und weiter: »Der Herr wird sein Volk richten«. — Hebräer 10,30

Der Herr ist gnädig (Ps 145,8). Er behandelt uns nicht so, wie wir es wegen unserer Sünden verdient hätten (Ps 103,10), sondern gibt uns Zeit zur Umkehr – Zeit, zu erkennen, dass Stolz (der die Wurzel von Zorn, Kritik und jeder anderen Sünde ist) nicht zur Gerechtigkeit führt (Jak 1,20). Ganz gleich, was die Erfahrung uns sagt, der Zweck heiligt nicht die Mittel. Gott gibt uns Zeit, seine Gnade zu erkennen und uns zu demütigen (2Petr 3,9). Doch es wird der Tag kommen, an dem er »sein Volk richten [wird]«.

Brüder und Schwestern, es gibt heutzutage eine Menge stolzes Gerede – sogar unter Christen – und das ist nicht weise.

Hiob entdeckte diese Wahrheit vor Tausenden von Jahren. Die Bibel nennt Hiob, einen Gottgläubigen vor der Zeit des Bundes, »größer … als alle Söhne des Ostens« (Hiob 1,3). Er war wohlhabend und gesund. Er fürchtete Gott und mied das Böse. Doch an einem einzigen Tag verlor Hiob alles, was er besaß. Seine Kinder wurden getötet. Sein Reichtum wurde ihm genommen. Viele seiner Diener verloren ihr Leben. Und noch bevor er sich von alldem erholen konnte, wurde er von schmerzhaften Geschwüren befallen.

Als Hiobs Freunde von seiner Notlage hörten, kamen sie, um ihn zu »trösten«. Sieben Tage lang saßen sie auf der staubigen Erde und trauerten mit ihm. Keiner sagte ein Wort. Als Hiob schließlich den Mund aufmachte, sprudelten Schmerz und Bitterkeit heraus. Er verfluchte den Tag, an dem er geboren worden war. Er wünschte sich den Tod (Hiob 3). Erst als Hiobs Freunde das Wort ergriffen, änderte sich die Lage. »Du bist ohne Grund wütend und verbittert«, sagten sie. »Schlechte Dinge passieren nicht den guten Menschen. Deine eigene Sünde hat dieses Unglück über dich gebracht.«

»Wenn ich gesündigt habe«, antwortete Hiob, »dann zeigt mir, was ich falsch gemacht habe. Ich weiß nicht, warum mir das widerfährt, aber ich weiß, dass ich unschuldig bin.«

Ein Großteil des Buches Hiob besteht aus diesem hin und her gehenden Gespräch zwischen Hiob und seinen Freunden. Aber ihre Ratschläge halfen ihm nicht, sondern verursachten nur noch mehr Kummer. Irgendwann im Laufe ihrer Unterhaltung begann Hiob, Gott zu befragen. Es kam zu einer subtilen Verschiebung von »Ich weiß nicht, warum mir das widerfährt« hin zu »Das ist nicht fair. Gott ist ungerecht. Es hat keinen Sinn, ihm zu dienen« (s. Hiob 34,9). Seine Freunde hörten schließlich auf, »Hiob zu antworten, weil er in seinen Augen gerecht war« (Hiob 32,1).

Nachdem alles ruhig geworden war, sprach Gott. Aber er erklärte sich Hiob gegenüber nicht. Er hat Hiobs Fragen nicht beantwortet. Er sprach nur Hiobs Unverstand an. Im Verlauf von vier Kapiteln – Hiob 38 bis 41 – erinnerte der Herr Hiob daran, wer er ist und wer Hiob war. Gott fragte sarkastisch: »Wo warst du, als ich die Erde erschuf? Hast du dem Pferd seine Kraft gegeben? Hast du das Meer hinter seinen Toren verschlossen? Kannst du die Sternbilder zu ihren Jahreszeiten hervorbringen? Weißt du, wo das Licht wohnt? Hast du die Vorratskammern des Schnees besucht? Fliegt der Adler auf deinen Befehl hin auf? Kannst du den Leviathan mit einem Angelhaken einholen? Bist du derjenige, der den Menschen Weisheit und Verstand gibt?«

> *»Natürlich, du weißt es! Denn damals warst du ja schon geboren und deine Lebenstage sind nicht zu zählen!«*
> *— Hiob 38,21 NLB*

Gott fuhr fort: »Wenn du wirklich gerechter bist als ich, dann tue, was ich tue:

> *Schmücke dich doch mit Herrlichkeit und Hoheit, und bekleide dich mit Majestät und Pracht! Gieße die Fluten deines Zornes aus; sieh jeden Hochmütigen an und demütige ihn! Sieh jeden Hochmütigen an, erniedrige ihn; und zertrete die Gottlosen, wo sie stehen!« — Hiob 40,10–12*

Gott erniedrigt den Stolzen, aber er erhöht auch den Demütigen (1Petr 5,6). Sieh selbst, wie Hiob auf Gottes Worte reagierte:

> *Ich erkenne, dass du alles vermagst und dass kein Vorhaben dir verwehrt werden kann. »Wer verfinstert da den Ratschluss mit Worten ohne Erkenntnis?« Fürwahr, ich habe geredet, was ich nicht verstehe, Dinge, die mir zu wunderbar sind und die ich nicht begreifen kann! … Vom Hörensagen hatte ich von dir gehört, aber nun hat mein Auge dich gesehen. Darum spreche ich mich schuldig und tue Buße in Staub und in Asche! — Hiob 42,2–3.5–6*

Hiob demütigte sich. Er tat Buße, und Gott gab ihm alles zurück, was Satan ihm gestohlen hatte. Reue und Demut sind die richtige Reaktion auf Gottes Korrektur. Tatsächlich ist es in der Bibel so, dass jedes Mal, wenn ein Mensch die Herrlichkeit Gottes erblickte, Demut daraus folgte. Als Jesaja den Herrn sah, tat er Buße: »Wehe mir, ich vergehe! Denn ich bin ein Mann mit unreinen Lippen und wohne unter einem Volk, das unreine Lippen hat; denn meine Augen haben den König, den HERRN der Heerscharen, gesehen!« (Jes 6,5). Als Gott zu Abram sprach, fiel dieser auf sein Angesicht (1Mo 17,3). Als der Herr zu Mose aus dem brennenden Dornbusch sprach, verbarg Mose sein Gesicht, weil er sich fürchtete, ihn anzuschauen (2Mo 3,5–6). Als der Engel vor Josua erschien, beugte dieser sich in Ehrfurcht zu Boden (Jos 5,14).

Eine innige Beziehung mit Gott ist ohne wahre Demut unmöglich.

Denn der HERR ist erhaben und sieht auf den Niedrigen,
und den Hochmütigen erkennt er von ferne. — Psalm 138,6

Wenn wir auch nur einen flüchtigen Blick auf Gottes Herrlichkeit – seine Gnade – erhaschen könnten, würden wir uns demütigen. Wir würden alle Arroganz und allen Stolz verlieren.

Wenn wir Gott endlich so sehen, wie er wirklich ist,
werden wir uns in Demut zu Boden werfen und sagen:
»Gott sei Dank habe ich diese dumme Frage nicht gestellt.«

Ich habe schon viele Menschen sagen hören: »Wenn ich in den Himmel komme, werde ich Gott fragen, warum er dies oder jenes geschehen ließ. Warum hat er in dieser Situation nicht eingegriffen?« Aber im Himmel wird niemand Schlange stehen, um Gott

Fragen zu stellen und den Grund für jegliches Leid herauszufinden. Wenn wir Gott endlich so sehen, wie er wirklich ist, werden wir uns in Demut zu Boden werfen und sagen: »Gott sei Dank habe ich diese dumme Frage nicht gestellt.«

Weißt du, ich habe Gott nie mit meinen physischen Augen gesehen. Aber am 23. März 1968 machte ich eine Erfahrung mit dem Herrn, die mein Leben veränderte. Meine Kleingruppe traf sich wie üblich zum Gebet, und obwohl ich es nicht sehen konnte, wusste ich, dass Gott an diesem Ort war. Einen Moment lang spürte ich die Liebe Gottes. Ich erlebte seine Heiligkeit. Endlich verstand ich, wer Gott war, und warf mich bußfertig zu Boden. Versteh mich nicht falsch. Ich glaube, dass ich schon vor diesem Moment gerettet war und dass ich auch in den Himmel gekommen wäre. Aber dieser Moment der Demut veränderte die Richtung meines Lebens. Er öffnete mir die Tür zu einer echten Beziehung mit Gott.

KAPITEL 8

Wie sieht Demut aus?

Die meisten Leute denken, Demut sei mit Schwäche oder Schüchternheit gleichzusetzen. Jesus beschrieb sich selbst als »sanftmütig und von Herzen demütig« (Mt 11,29), aber er war weder schwach noch schüchtern. Er war mutig! Er hatte keine Angst vor den religiösen Führern seiner Zeit. Er nannte sie Schlangenbrut und getünchte Gräber (Mt 12,34; 23,27). Er nannte sogar Herodes, den Marionettenkönig von Israel, einen Fuchs (Lk 13,32). Zweimal während seines Dienstes trieb Jesus Geschäftemacher aus dem Tempel und warf in gerechter Entrüstung die Tische der Geldwechsler um (Mt 21,12; Joh 2,15).

Selbst Mose handelte in Demut, als er das goldene Kalb verbrannte, das sein Bruder angefertigt hatte. Er zerrieb die Asche zu Pulver, streute es ins Wasser und ließ die Israeliten davon trinken (2Mo 32,19–20). In 4. Mose 12,3 wird Mose als der sanftmütigste Mann auf Erden beschrieben. Aber ist dir auch bewusst, dass Mose der Autor dieses Buches ist? Unter der Inspiration des Heiligen Geistes bezeichnete Mose sich selbst als den sanftmütigsten oder demütigsten Mann auf Erden.

Geht man nach der allgemeinen Auffassung, dann wäre jemand, der wirklich demütig ist, sich dessen gar nicht bewusst oder würde sich, wenn doch, gewiss nicht wie Mose laut dazu bekennen. Wir müssen also neu definieren, was Demut wirklich ist.

Religion hat unsere Vorstellung von wahrer Demut verzerrt. Sie hat uns gelehrt, dass Demut mit Schwäche oder einem geringen

Selbstwertgefühl gleichzusetzen sei und mit einer selbsterniedrigenden und schüchternen Haltung einhergehe. Religiöse Demut sagt: »Ich bin nichts und ich kann nichts.« Aber wenn Demut tatsächlich so wäre, wie sie von der Kirche über lange Zeiten hinweg dargestellt wurde, wüsste ein wirklich demütiger Mensch überhaupt nicht, dass er demütig ist. Ich habe mal eine Geschichte über einen Mann gehört, der von seiner Kirche als demütigstes Mitglied geehrt wurde. Die Gemeinde machte für ihn einen riesigen Button mit der Aufschrift »Demütig« und überreichte ihm diesen eines Tages während des Gottesdienstes. Doch als sie ihm den Button gaben, lehnte er das Geschenk nicht ab und wehrte sich auch nicht gegen das Lob, also nahmen sie ihm den Button gleich wieder weg. Sie sagten, wenn er wirklich demütig wäre, hätte er ihr Lob nicht angenommen.

Eine Frau in der Kirche, in der ich aufgewachsen bin, brachte ihre Haltung zu diesem Punkt jedes Mal zum Ausdruck, wenn sie zum Singen aufstand. Sie sagte: »Der Herr sagt, wir sollen ihm laut zujubeln und singen, also werde ich das heute tun. Betet ihr alle für mich. Ich weiß, dass ich keine großartige Stimme habe, aber ich will ihm trotzdem ein Jubellied singen.« Und dann ließ sie eine geschulte Opernstimme erschallen, dass die Wände wackelten! Sie war nicht bescheiden, sie war auf Komplimente aus. Es war alles ein religiöser Schwindel! Sie wertete sich einzig und allein in der Hoffnung ab, andere würden sie loben. Ich wette, sie wäre nicht begeistert gewesen, wenn ich nach dem Gottesdienst draußen vor der Kirche auf sie zugegangen wäre und zu ihr gesagt hätte: »Du hast recht, Schwester. Du kannst tatsächlich nicht singen!«

Demut stellt sich nicht auf einen Sockel, aber sie erniedrigt sich auch nicht selbst. Wahre Demut hat gar keine Meinung über sich selbst. Sie versucht nur, Gott zu verherrlichen. Wenn Gott dir eine großartige Stimme oder unternehmerisches Talent gegeben hat, wird wahre Demut diese Gabe wertschätzen. Sie wird diese gottgegebene Gabe nicht verleugnen, und sie wird auch nicht in Abrede stellen, was Gott durch diese Gabe vollbringt. Paulus sagte:

> *Denn wer gibt dir den Vorzug? Und was besitzt du, das du nicht empfangen hast? Wenn du es aber empfangen hast, was rühmst du dich, als ob du es nicht empfangen hättest?*
> *— 1. Korinther 4,7*

Wahre Demut hat gar keine Meinung über sich selbst. Sie versucht nur, Gott zu verherrlichen.

Alles, was du hast, kommt von Gott. Demut erkennt dies an. Gott erhöht diejenigen, die demütig sind (Jak 4,10; 1Petr 5,6), und diejenigen, die wirklich demütig sind, lassen ihn gewähren. Die Stolzen werden das nicht tun. Die Stolzen werden sich zu sehr darum sorgen, was andere denken könnten. Sie werden versuchen, die Anerkennung abzuwehren, indem sie sich selbst kleinreden. Das ist keine Demut. Als Mose sagte, er sei der demütigste Mensch auf Erden, war das eine zutreffende Einschätzung. Gott hat ihn dazu inspiriert, das zu schreiben. Es wäre hochmütig gewesen, Gott zu widersprechen. Es wäre hochmütig gewesen, zu sagen: »Gott, das kann ich nicht schreiben! Was würden die Leute denken?«

Brüder und Schwestern, ich sage diese Dinge mit Überzeugung, weil ich von Natur aus ein introvertierter Mensch bin. Als junger Mann konnte ich einer Person nicht ins Gesicht schauen und mit ihr reden. Mit Freunden und Familie kam ich gut zurecht, aber Fremde ließen mich vor Furcht erstarren. Einmal grüßte mich ein Mann auf der Straße; er war schon zwei Blocks weiter gegangen und ich saß bereits im Auto, bevor ich überhaupt den Mut aufbrachte, ihm zu antworten! Ich war überaus schüchtern und auf mich selbst fokussiert. Ich hatte immer Mühe, mir die Namen von Leuten zu merken, denn jedes Mal, wenn ich jemandem vorgestellt wurde, konzentrierte ich mich ganz darauf, gut rüberzukommen und die richtigen Antworten zu geben, weshalb ich gar nicht mitbekam, wie die Person hieß. Glücklicherweise sprach mich ganz zu Anfang meines Dienstes ein Mann an und sagte: »Sie haben ein paar wirklich gute Dinge mitzuteilen. Wenn Sie sich jetzt auch noch mehr Gedanken über die Menschen machen würden, denen Sie dienen, als über sich selbst und darüber, was sie von Ihnen denken, könnten Sie ein Segen sein.« Seine Worte waren wie ein Dolchstoß in mein Herz, aber sie stimmten. Meine Schüchternheit war nicht auf meine Persönlichkeit zurückzuführen, sondern auf Selbstbezogenheit und Stolz. Ich hatte Angst, ich könnte etwas Falsches sagen oder mich lächerlich machen.

So ergeht es vielen Menschen. Obwohl Gott sie von einem zerstörerischen Lebensstil befreit hat und sie ein großartiges Zeugnis haben, geben sie es nicht weiter, weil sie Angst haben. Sie sind besorgt, dass sie etwas nicht »richtig« sagen oder sich falsch verhalten könnten. Das ist Stolz. Heute spreche ich dank der Gnade Gottes jede Woche zu Hunderten von Studenten, zu Tausenden von Menschen bei jeder Versammlung und zu noch mehr im Fernsehen, aber ich bin immer noch kein wortgewandter Redner. Wenn ich Gott wäre, dann hätte ich mich nicht ausgewählt. Ich hätte einen besseren Redner gewählt, jemanden, der nicht wie ein texanischer Provinzler klingt. Aber Gott hat mich erwählt (1Kor 1,27), und weil ich mich entschieden habe, mich zu demütigen, gebraucht er mich, um Millionen zu erreichen.

Denn ich sage kraft der Gnade, die mir gegeben ist, jedem unter euch, dass er nicht höher von sich denke, als sich zu denken gebührt, sondern dass er auf Bescheidenheit bedacht sei, wie Gott jedem Einzelnen das Maß des Glaubens zugeteilt hat. — Römer 12,3

Wir sollen von uns selbst weder zu viel noch zu wenig halten. Wir sollen einfach nüchtern denken. Paulus sagte: »Tut nichts aus Selbstsucht oder nichtigem Ehrgeiz, sondern in Demut achte einer den anderen höher als sich selbst« (Phil 2,3).

Unsere Unterschiede machen uns nicht weniger wertvoll; sie erhöhen unseren Wert. Es gibt niemanden auf der Welt, der genau so ist wie du, und es ist keineswegs verwerflich, wenn du dich zu den Talenten und Fähigkeiten bekennst, die Gott dir gegeben hat.

Das heißt nicht, dass andere besser sind als du. Es bedeutet nur, dass du jedem Menschen den richtigen Wert beimisst. Eine jede Person auf diesem Planeten wurde nach dem Bild Gottes erschaffen. Jeder von uns wurde von Gott für einen bestimmten Zweck geschaffen. Unsere Unterschiede machen uns nicht weniger wertvoll; sie erhöhen unseren Wert. Es gibt niemanden auf der Welt, der genau so ist wie du, und es ist keineswegs verwerflich, wenn du dich zu den Talenten und Fähigkeiten bekennst, die Gott dir gegeben hat. Es ist auch nicht falsch, wenn du dem, was Gott durch dein Leben bewirkt hat, Anerkennung zollst. Achte nur darauf, dass du Gott dabei die Ehre gibst und auch würdigst, was Gott in und durch andere tut.

Die Geschichte, die Jesus in Lukas 18 über den Pharisäer und den Zöllner erzählt, zeigt, wie schwierig es für stolze Menschen ist, andere und selbst Gott zu ehren. Pharisäer waren Mitglieder des jüdischen Hohen Rates. Sie waren Experten des jüdischen Gesetzes und zeigten ihre Frömmigkeit durch die Kleidung, die sie trugen, die Dinge, die sie aßen, und die Art, wie sie beteten. Ein Zöllner war zwar ebenfalls Jude, arbeitete aber für die römische Regierung und zog für diese Steuern ein. Zöllner galten als Volksverräter und verlangten von ihren jüdischen Mitbürgern oft überhöhte Abgaben, wobei sie den Überschuss für sich selbst behielten. In Jesu Geschichte gingen ein Zöllner und ein Pharisäer in den Tempel, um zu beten.

> *Der Pharisäer stellte sich hin und betete bei sich selbst so: O Gott, ich danke dir, dass ich nicht bin wie die übrigen Menschen, Räuber, Ungerechte, Ehebrecher, oder auch wie dieser Zöllner da. Ich faste zweimal in der Woche und gebe den Zehnten von allem, was ich einnehme! — Lukas 18,11–12*

An anderer Stelle ermahnte Jesus seine Jünger, nicht zu beten wie die Heuchler, die im Tempel oder an den Straßenecken stehen und beten, um von den Menschen gesehen zu werden (Mt 6,5). Man beachte, wie Jesus den Pharisäer in Lukas 18 beschreibt. Er sagte, der Pharisäer redete beim Gebet mit sich selbst. Er hat nicht mit Gott kommuniziert oder sich mit ihm verbunden. Er betete, um gesehen zu werden. Er betete in seinem Stolz. Ein Großteil seines Gebets bestand in einer Rechtfertigung seiner selbst und der Verherrlichung seiner guten Taten in der Hoffnung, dass Gott ihn hören möge. Viele Menschen beten auf diese Weise. Ihre Gebete stellen keine Verbindung zu Gott her und sie ändern auch nichts.

Sie bestehen nur aus heißer Luft und dienen dazu, andere zu beeindrucken oder ein religiöses Pensum zu erfüllen.

Religiöses Getue – der Versuch, Gott durch gute Taten, Bibellesen, Entrichtung des Zehnten, Kirchenbesuche oder andere »gute Werke« zu bestechen, damit er unsere Gebete erhört oder sich für uns einsetzt – ist Hochmut. Gott ist uns nichts schuldig. Wir mögen heiliger sein als die Person in der Stuhlreihe hinter uns, aber wer will schon der rechtschaffenste Sünder sein, der je in die Hölle kam? (Siehe Röm 3,23 und 6,23.) Dennoch fragen die Menschen: »Warum hat Gott mich nicht geheilt? Ich bete. Ich gehe in die Kirche. Ich entrichte meinen Zehnten. Ich habe dies und das und jenes getan.« Die Antwort steckt in der Frage. Wir können uns Gott nicht auf Grundlage unserer eigenen Heiligkeit oder unseres Wohlverhaltens nähern. Wir alle haben seine Herrlichkeit verfehlt (Röm 3,23). Wir können uns Heilung oder irgendeine der Segnungen Gottes nicht verdienen. Wir müssen zu Gott kommen, wie es der Zöllner tat:

> *Und der Zöllner stand von ferne, wagte nicht einmal seine Augen zum Himmel zu erheben, sondern schlug an seine Brust und sprach: O Gott, sei mir Sünder gnädig!*
> *— Lukas 18,13*

Der Zöllner war nicht hochmütig. Er versuchte nicht, sich vor Gott zu rechtfertigen. Er redete nicht über all seine guten Taten. Er demütigte sich und blickte nicht einmal zum Himmel auf, und Jesus sagte, dass dieser Mann – dieser demütige Zöllner – gerechtfertigt nach Hause gegangen sei (Lk 18,14).

Wenn wir uns demütigen und im Vertrauen auf seine Gnade und Barmherzigkeit vor Gott treten, erhört er uns. Und 1. Johannes 5,14–15 sagt uns: Wenn wir wissen, dass er uns hört, wissen wir, dass wir alles haben, was wir von ihm erbeten haben.

KAPITEL 9

Was folgt aus Demut?

König Hiskia herrschte zur Zeit des Propheten Jesaja über Juda. In 2. Chronik 29,2 heißt es, dass er »tat, was recht war in den Augen des Herrn«. Aber irgendwann im Laufe seiner Regentschaft wurde König Hiskia überheblich (2Chr 32,25). Als die Babylonier hörten, dass Hiskia auf übernatürliche Weise vom Herrn geheilt worden war, kamen sie zu ihm. Anstatt Gott die Ehre zu geben für alles, was er gewirkt hatte, um ihn zu heilen und das Königreich zu Wohlstand zu bringen, protzte Hiskia mit dem, was er in seinen Vorratshäusern hatte (2Kön 20,12–13). Jesaja wies den König auf sein Fehlverhalten hin und sagte: »Siehe, es kommt die Zeit, da alles, was in deinem Haus ist und was deine Väter bis zu diesem Tag gesammelt haben, nach Babel weggebracht werden wird; es wird nichts übrig bleiben! spricht der HERR« (2Kö 20,17; s. Jes 39,5–6). Daraufhin demütigte sich Hiskia:

> *Da bereute Hiskia seine Überheblichkeit und die Einwohner Jerusalems ebenfalls. Deswegen kam der Zorn des Herrn nicht über sie, solange Hiskia lebte.* — 2. Chronik 32,26 NLB

Weil er sich selbst demütigte, gewährte Gott Hiskia und seinem Königreich eine längere Zeit des Friedens. Während dieser Zeit bekam Hiskia einen Sohn namens Manasse. Manasse wurde König, als er erst zwölf Jahre alt war. In der Bibel heißt es, dass er »tat, was dem Herrn missfiel« (2Chr 33,2). Er baute die heidnischen

Heiligtümer wieder auf, die sein Vater niedergerissen hatte. Er errichtete Altäre für Baal und opferte seine eigenen Kinder auf ihnen, stellte Götzen im Tempel auf, betete die Sterne an und betrieb Zauberei (2Kö 21,2–6). In 2. Könige 21,9 heißt es, dass er Juda dazu brachte, mehr Böses zu tun als die heidnischen Völker, die Gott vor den Israeliten her vertrieben hatte. Obwohl der Herr Manasse vor den Folgen seines Hochmuts warnte, wollte dieser nicht auf ihn hören. So fiel Assyrien in das Königreich Juda ein und führte Manasse in die Gefangenschaft. Doch während seiner Gefangenschaft wandte er sich Gott zu:

> *Als er nun in der Not war, flehte er den HERRN, seinen Gott, an und demütigte sich sehr vor dem Gott seiner Väter. Und als er zu ihm betete, ließ sich [Gott] von ihm erbitten, sodass er sein Flehen erhörte und ihn wieder nach Jerusalem zu seinem Königreich brachte. Da erkannte Manasse, dass der HERR Gott ist. — 2. Chronik 33,12–13*

Manasse demütigte sich und tat Buße. Und Gott brachte ihn zurück nach Jerusalem und setzte ihn wieder als König ein. Manasse regierte insgesamt fünfundfünfzig Jahre und war damit der am längsten amtierende König in der Geschichte Israels. Nachdem er sich gedemütigt hatte, entfernte Manasse die Götzen und Altäre, die er den falschen Göttern errichtet hatte, und baute den Altar des Herrn wieder auf. In der Bibel ist zu lesen: »Was aber mehr von Manasse zu sagen ist und sein Gebet zu seinem Gott … und alle seine Sünde …, ehe er gedemütigt wurde, siehe, das ist beschrieben im Geschichtsbuch Hosais« (2Chr 33,18–19).

Obwohl Manasse die meiste Zeit seines Lebens damit zubrachte, in den Augen des Herrn Böses zu tun, ehrte Gott ihn, als er sich demütigte, und sein Leben nahm ein gutes Ende.

Manasses Sohn Amon bestieg nach ihm den Thron. Amon folgte dessen schlechtem Beispiel aus früheren Tagen, aber anders als sein Vater weigerte er sich, Demut zu zeigen, und wurde ermordet (2Chr 33,22–24).

Amons Sohn Josia erbte den Thron, als er acht Jahre alt war (2Chr 34,1). Als Josia sechzehn Jahre alt wurde, begann er, den Herrn zu suchen. Vier Jahre später machte er sich daran, Juda von der Götzenanbetung zu befreien, und er befahl, den Tempel wieder instand zu setzen.

Obwohl Manasse die meiste Zeit seines Lebens damit zubrachte, in den Augen des Herrn Böses zu tun, ehrte Gott ihn, als er sich demütigte, und sein Leben nahm ein gutes Ende.

Während der Ausbesserungsarbeiten am Tempel fand ein Priester das Buch des mosaischen Gesetzes und las es dem König vor. Als Josia Gottes Maßstäbe vernahm – wahrscheinlich zum ersten Mal in seinem Leben – und erkannte, wie sehr Juda gesündigt hatte, demütigte er sich, und der Herr sah sein Herz. Als er den Herrn fragte, was er und das Volk tun sollten, prophezeite die Prophetin Hulda Gutes für König Josia, aber Gericht für das Königreich Juda:

> *So spricht der HERR, der Gott Israels: Sagt dem Mann, der euch zu mir gesandt hat: So spricht der HERR: »Siehe, ich will Unheil bringen über diesen Ort und über seine Einwohner, nämlich alle die Flüche, die geschrieben stehen in dem Buch, das man vor dem König von Juda gelesen hat, weil sie mich verlassen und anderen Göttern geräuchert haben,*

um mich herauszufordern mit allen Werken ihrer Hände; deshalb wird mein Zorn sich über diesen Ort ergießen und nicht ausgelöscht werden!« ***Zu dem König von Juda aber****, der euch gesandt hat, um den HERRN zu befragen, sollt ihr so reden: So spricht der HERR, der Gott Israels: »Was die Worte betrifft, die du gehört hast –* ***weil dein Herz weich geworden ist und du dich vor Gott gedemütigt hast****, als du seine Worte gegen diesen Ort und gegen seine Einwohner hörtest, ja, weil du dich* ***vor mir gedemütigt*** *und deine Kleider zerrissen und vor mir geweint hast, so habe auch ich darauf gehört, spricht der HERR. Siehe,* ***ich will dich zu deinen Vätern versammeln, dass du in Frieden in dein Grab gebracht wirst und deine Augen all das Unheil nicht sehen müssen****, das ich über diesen Ort und seine Einwohner bringen will!« — 2. Chronik 34,23–28*

Achte darauf, was Gott zu Josia sagte: »Weil du dich gedemütigt hast, will ich dir Frieden schenken. Deine Augen werden das Gericht über den Hochmut dieses Volkes nicht sehen.« Josias Demut schob nicht nur Gottes Gericht auf und verschonte so das Volk, sondern sie führte auch zu einer großen Erweckung. Viele Menschen beten heute um Erweckung, aber sie haben sich nicht gedemütigt (2Chr 7,14). Sie machen immer noch ihr eigenes Ding, verlassen sich auf sich selbst und vermarkten sich selbst. Sie sind hochmütig, und ihr Stolz begrenzt, was Gott in ihrem Leben tun kann.

Häufig kommen Menschen auf mich zu und wollen Informationen über das Charis Bible College. Sie sagen, sie würden gerne dort studieren, wüssten aber nicht, wie sie das bewerkstelligen sollen. Sie machen sich Sorgen über die Finanzen, die Familienbeziehungen, die Arbeitsmöglichkeiten, die Wohnsituation und viele andere Dinge. Ein Mann und seine Ehefrau erzählten mir, dass sie am liebsten sofort nach Colorado kommen würden, aber sie müssten an ihre beiden Hunde denken.

»Auch in Colorado gibt es Hunde«, entgegnete ich.

Jemand anderes erklärte mir: »Ich wünschte, ich könnte kommen, aber ich schlafe unter einer Brücke.«

»Auch in Colorado gibt es Brücken«, sagte ich ihm.

Ich weiß, das klingt wie Spaß, aber tatsächlich gibt es keine Entschuldigung für Ungehorsam. Wenn Gott dir gesagt hat, du sollest etwas Bestimmtes tun, dann tu es. Das ist Demut. Wenn du mit Gott diskutieren musst, wenn du eine Woche, einen Monat, ein Jahr brauchst, um dich seinen Anweisungen zu fügen, bist du stolz. Du hältst dich für klüger als Gott. Du stellst deine eigene Meinung über die seine. Demut ordnet sich unter. Sie erkennt an, dass es nur einen Gott gibt, und der bist nicht du.

Als der Herr am 23. März 1968 mein Leben berührte und ich von meinem Thron stieg, fasste ich den Entschluss, ihm zu folgen, wohin er mich auch führte, und alles zu tun, was er auch sagte, ungeachtet der Konsequenzen. Als Erstes forderte Gott mich auf, das College abzubrechen. Ich war im ersten Jahr meines Studiums und der Vietnamkrieg war noch voll im Gange. Das US-Militär rekrutierte aktiv Leute für den Kriegseinsatz, aber ich hatte als Student einen Aufschub bekommen. Gott zu gehorchen bedeutete, dass ich diesen Aufschub verlieren und eingezogen werden würde. Das wiederum hieß, dass ich nach Vietnam ausgeschifft werden und möglicherweise sterben würde. Doch ich gehorchte.

Rückblickend war die Einberufung mit das Beste, was mir passieren konnte. Es trennte mich von dem religiösen Umfeld, in dem ich aufgewachsen war. Nicht, dass mein Umfeld schlecht gewesen wäre – ich wurde dort schließlich errettet. Aber diese Trennung zwang mich dazu, mich mit dem Wort Gottes zu beschäftigen. Sie zwang mich, Gott zu vertrauen. Dreizehn Monate lang verbrachte ich bis zu fünfzehn Stunden am Tag mit dem Studium der Bibel. Ich lernte den Heiligen Geist, die Autorität des Gläubigen, Glauben und Wunder und vieles mehr kennen – Dinge, die mir in unserer Gemeinde nie beigebracht worden waren.

Es gibt keine Entschuldigung für Ungehorsam. Wenn Gott dir gesagt hat, du sollest etwas Bestimmtes tun, dann tu es.

Dank der Gnade Gottes habe ich Vietnam überlebt. Doch als ich zurückkam, waren Stellenangebote gerade ziemlich rar. Ich hatte das College abgebrochen und die Chancen, es ohne einen Hochschulabschluss zu schaffen, waren gering. Aber Gott sorgte für mich. Mein erster Job war das Schneiden und Ausliefern von Videokassetten für das staatliche Schulsystem. Schon bald bot mir der Bezirksleiter eine Festanstellung mit Altersvorsorge an. Meine Mutter hielt das für eine wunderbare Gelegenheit und ermutigte mich, die Stelle anzunehmen, aber ich hätte mich für fünf Jahre verpflichten müssen. Ich wusste, dass Gott mich in den Dienst berufen hatte, und ich hatte den Eindruck, ich müsse in der Lage sein, jederzeit wegzugehen und dorthin zu gehen, wo Gott mich hinführte, also lehnte ich ab. Alle dachten, ich sei verrückt.

Jahre später übernahmen Jamie und ich die Leitung einer kleinen Gemeinde in Childress, Texas. Sie wuchs auf fast fünfzig Personen an, und zum ersten Mal in unserem Eheleben sah es so aus, als würden wir durchkommen. Wir aßen regelmäßig und die Dinge liefen gut. Doch dann rief Gott uns nach Pritchett, Colorado. Pritchett war vielleicht nicht das Ende der Welt, aber es war von dort aus deutlich zu sehen! Der Ort zählte gerade einmal 144 Einwohner. Es wirkte wie ein einschneidender Rückschritt, aber am Ende erwies sich Pritchett als Sprungbrett für unseren Dienst. Wir erlebten dort, wie ein Mann von den Toten auferweckt wurde. Unsere ersten Partner kamen von dort, und auch unsere Radiosendungen nahmen dort ihren Anfang. Es war einfach großartig.

Ungefähr zu jener Zeit sagte Gott mir, ich solle alle meine Dienstmaterialien verschenken. Als ich damit anfing, kannte ich keinen anderen Menschen auf der Welt, der sein Material kostenlos hergab oder jemals hergegeben hätte. Mehrere Leute sagten mir, ich würde den Dienst damit ruinieren, aber ich gehorchte. Und heute geht es uns gut! Im Jahr 2018 kamen über 68,2 Millionen Dollar herein – und viele der Menschen, die sich an den Dienst wenden oder nach Produkten fragen, geben gar nichts! Wir haben Millionen und Abermillionen von Kassetten, Büchern, CDs, DVDs und digitalen Downloads verschenkt. Es mag unvernünftig erscheinen, aber Gott hat meinen demütigen Gehorsam belohnt.

Mit unserem kümmerlichen Verstand können wir die Wege Gottes nicht annähernd nachvollziehen. Wir sehen die Dinge nicht so, wie er sie sieht. In Jesaja 55,9 steht:

> *So hoch der Himmel über der Erde ist, so viel höher sind meine Wege als eure Wege und meine Gedanken als eure Gedanken.*

Wir können nicht in die Ewigkeit blicken und daher nicht wissen, wie sich unser Handeln auf die Zukunft auswirken wird, aber Gott kann es. Wenn wir uns einfach nur demütigen und darauf vertrauen würden, dass seine Pläne für unser Leben alles übertreffen, was wir uns erhoffen oder vorstellen können, dann würde garantiert alles gut werden (Jer 29,11). Das Leben wäre schön. Gott hat jeden von uns geschaffen und er weiß, was uns zufriedenstellt. Er vermag besser für uns zu sorgen, als wir selbst es je könnten!

Es mag unvernünftig erscheinen, aber Gott hat meinen demütigen Gehorsam belohnt.

KAPITEL 10

Demut gehorcht

Es ist wichtig, eine göttliche Sichtweise in Bezug auf Demut zu entwickeln, denn es gibt zwei Extreme, in die man verfallen kann. Auf der einen Seite steht die Arroganz – man hält sich für einen Selfmade-Menschen und rechnet sich alles, was im Leben geschieht, als persönliches Verdienst an. Auf der anderen Seite steht religiöse Täuschung, auch als falsche Demut bekannt: Sie lässt dich glauben, dass du nie etwas Bedeutsames für Gott erreichen wirst, und führt zu dem Drang, das eigene Leben ständig abzuwerten. Beide Haltungen sind falsch; beide lassen sich auch als Stolz bezeichnen.

Wahre Demut lässt weder für Selbstüberhöhung noch für Selbstentwertung Raum. Vielmehr kommt sie in Übereinstimmung mit Gott und ordnet sich der Autorität seines Wortes unter. Wenn das Wort sagt, dass du die Gerechtigkeit Gottes bist und alles tun kannst durch Christus, der dich stärkt (2Kor 5,21; Phil 4,13), dann wäre es Stolz, dem zu widersprechen. Wenn das Wort sagt, dass du den Kranken die Hände auflegen kannst und sie gesund werden (Mk 6,18), dann ist es Hochmut, wenn du deine religiöse Meinung über Gottes Sicht stellst.

Wie ich oft erzähle, neige ich von Natur aus zur Schüchternheit. Ohne Christus bin ich ein introvertierter Mensch. Ich kann mit Menschen weder reden noch sie führen. Aber mit Christus besteht mein ganzes Leben darin, das zu tun, was ich auf natürliche Weise nicht tun kann. In Markus 16,17–18 steht:

Diese Zeichen aber werden die begleiten, die gläubig geworden sind: In meinem Namen werden sie Dämonen austreiben, sie werden in neuen Sprachen reden, Schlangen werden sie aufheben, und wenn sie etwas Tödliches trinken, wird es ihnen nichts schaden; Kranken werden sie die Hände auflegen, und sie werden sich wohl befinden.

Ich bin gläubig, also ist es ein Zeichen von Demut, wenn ich erkläre, dass Gott mich gesalbt hat, die Kranken zu heilen, in anderen Sprachen zu reden und Dämonen auszutreiben. Es ist Demut, zu wissen, dass Gott mit mir ist und dass alles, wo ich Hand anlege, gelingt (5Mo 28,8). Es ist Demut zu sagen, dass Gott für alles, was ich brauche, sorgt (Phil 4,19) und ich deshalb das Charis Bible College bauen kann. Es ist Demut, wenn ich kühn bin und das Wort Gottes über mein Leben ausspreche. Ich weiß, dass ich keines dieser Dinge aus eigener Kraft tun kann, aber in Christus kann ich alles tun, wozu er mich aufruft (Phil 4,13). Das ist Demut.

Wahre Demut lässt weder für Selbstüberhöhung noch für Selbstentwertung Raum. Vielmehr kommt sie in Übereinstimmung mit Gott und ordnet sich der Autorität seines Wortes unter.

Doch die Mehrheit der Menschen lässt sich von der Bibel nicht im eigenen Glauben beirren. Sie lehnen es ab, sich ihrer Autorität zu beugen und richten sich stattdessen nach den Launen der öffentlichen Meinung. Das gilt nicht nur in den USA insbesondere in Wahljahren. Wohlmeinende Menschen, ja sogar Christen, orientieren sich bei ihrer Wahlentscheidung an dem, was bekannte

Medienvertreter sagen, und nicht daran, was die Bibel sagt. Eigennützig stimmen sie für diejenigen, die ihnen eine »kostenlose« Collegeausbildung oder eine »kostenlose« Gesundheitsfürsorge versprechen. So habe ich vor ein paar Jahren gehört, dass einigen Leuten kostenlose Handys versprochen wurden, wenn sie sich für die Wahl eines bestimmten Parteiprogramms registrieren lassen würden. Ich weiß natürlich nicht, ob das stimmt, aber es klingt auf jeden Fall sehr nach der menschlichen Natur. Demut tut so etwas nicht. Sie erhebt sich nicht auf Kosten anderer. Demut gehorcht Gott.

Die Apostelgeschichte nennt David einen Mann nach Gottes Herzen (Apg 13,22), aber David war ein Sünder. Nicht irgendein Sünder; er war in mehrfacher Hinsicht ein Oberklasse-Sünder! David sündigte in großem Stil, als er mit Batseba Ehebruch beging und ihren Mann ermorden ließ, um es zu vertuschen (2Sam 11). Dies geschah zu einer Zeit, als David eigentlich auf dem Schlachtfeld hätte sein sollen.

Zu jener Zeit, als David König war, kämpften die Völker gegeneinander, wenn das Wetter für eine Schlacht günstig war. Und obwohl David noch Gebiete zu erobern hatte, um Gottes Willen zu erfüllen, machte er es sich bequem. Er hatte ein gewisses Maß an Erfolg erreicht, und nun war es nicht mehr erforderlich, dass er bei jeder Schlacht persönlich anwesend war. Es hatten sich genügend vertrauenswürdige Leute um ihn geschart, sodass David stattdessen Joab, seinen Feldherrn, in den Kampf schicken konnte.

> *Und es geschah, als David zur Abendzeit von seinem Lager aufstand und auf dem Dach des königlichen Hauses umherwandelte, da sah er vom Dach aus eine Frau sich baden, und die Frau war von sehr schönem Aussehen.*
> *— 2. Samuel 11,2*

Der junge David hätte diese Handlungsweise nie in Betracht gezogen. Erinnerst du dich, als er vor Saul auf der Flucht war? David hatte Goliat getötet, wodurch Sauls Eifersucht geweckt wurde, und nun musste David sich in Höhlen und unter den feindlichen Völkern Israels verstecken. Auf seiner Verfolgungsjagd machte Saul Halt, um seine Notdurft zu verrichten, und zwar genau in der Höhle, in der sich David gerade versteckt hielt. In jenem Moment hätte David Saul töten und den Thron besteigen können, aber er tat es nicht. Er war demütig. Er weigerte sich, die Macht an sich zu reißen oder etwas zu tun, was nicht in Übereinstimmung mit Gott war (1Sam 24).

Aber während dieser Phase des Erfolgs war David nicht unterwegs, um das zu tun, wozu er gesalbt worden war. Er war zu Hause und langweilte sich. Er war ein erfolgreicher und geachteter König. Seine Schatzkammern waren voll. Er hatte seine Ziele erreicht und der Erfolg war ihm zu Kopf gestiegen. David musste sich nicht mehr auf Gott verlassen. Er konnte sich nehmen, was er wollte, und er wollte Batseba.

Man würde nicht erwarten, dass ein so stolzer Mann »ein Mann nach Gottes Herzen« genannt werden könnte. Doch als der Prophet Nathan David wegen seiner Sünde und seines Stolzes zur Rede stellte, tat David das Richtige: Er demütigte sich (2Sam 12).

Dagegen steht die Art und Weise, wie Saul auf die Zurechtweisung durch den Herrn reagierte (1Sam 13). Als Saul im zweiten Jahr seiner Herrschaft mit seinen Männern in den Kampf gegen die Philister zog, waren sie zahlenmäßig stark unterlegen. Das Volk, das bei ihm war, fürchtete sich und floh, aber Saul blieb und wartete darauf, den Herrn zu befragen. Er wartete sieben Tage lang (die vom Propheten Samuel festgesetzte Zeit), und als er Samuel nicht kommen sah, brachte Saul unrechtmäßig das Brandopfer dar. Als er gerade damit fertig war, erschien Samuel.

Samuel aber sprach zu Saul: Du hast töricht gehandelt! Du hast das Gebot des HERRN, deines Gottes, das er dir geboten hat, nicht gehalten! Denn sonst hätte er jetzt dein Königtum über Israel auf ewig bestätigt; nun aber wird dein Königtum keinen Bestand haben. Der HERR hat sich einen Mann nach seinem Herzen ausgesucht; dem hat der HERR geboten, über sein Volk Fürst zu sein, weil du nicht gehalten hast, was dir der HERR gebot! — 1. Samuel 13,13–14

Sowohl David als auch Saul hatten gesündigt, aber im direkten Vergleich erscheint Sauls Sünde nicht so schwerwiegend. Saul hatte keinen Ehebruch begangen. Er versuchte nicht, seine Sünde zu vertuschen, indem er den Mann seiner Geliebten ermorden ließ. Doch als Saul mit seiner Sünde konfrontiert wurde, weigerte er sich, sich zu demütigen. In 1. Samuel 15 gab Samuel Saul Anweisungen, die Amalekiter auszurotten und alles zu vernichten, auch die Frauen, Kinder und Tiere. Aber Saul gehorchte dem Herrn nicht. Er verschonte Agag, den König, und behielt die besten Tiere für sich. Als Samuel Saul erneut zur Rede stellte, antwortete Saul: »Ich habe getan, was der Herr befohlen hat. Ich habe die Amalekiter vernichtet und den König Agag als Beweis zurückgebracht. Das Volk hat die Beute genommen und die besten Schafe und Rinder verschont, um sie dem Herrn zu opfern« (1Sam 15,20–21).

Anstatt sich zu demütigen, diskutierte Saul mit dem Propheten und suchte nach Ausreden für sein Verhalten. Und das kostete ihn das Königreich. Samuel sagte:

Ist es nicht so, als du klein warst in deinen Augen, wurdest du das Haupt der Stämme Israels, und der HERR salbte dich zum König über Israel? … Samuel aber sprach zu Saul: Hat der HERR dasselbe Wohlgefallen an Schlachtopfern und

Brandopfern wie daran, dass man der Stimme des HERRN gehorcht? Siehe, Gehorsam ist besser als Schlachtopfer und Folgsamkeit besser als das Fett von Widdern!
— 1. Samuel 15,17.22

Als es für Samuel darum ging, Saul zum ersten König Israels zu salben, demonstrierte er in einem sorgfältig ausgeführten Prozess, wie Gott Führungspersonen auswählt. Er ließ alle Stämme Israels an sich vorbeiziehen und wählte dann den kleinsten Stamm, Benjamin, aus. Dann ließ er alle Oberhäupter der Familien Benjamins an sich vorbeiziehen und wählte daraus die kleinste Familie, Kisch (1Sam 9,21). Schließlich wurde Saul ausgewählt. Aber Saul war nirgendwo zu finden. Er hatte sich in einem Korb versteckt. Und obwohl Saul ein stattlicher Mann war und größer als alle anderen im Königreich, erwählte ihn der Herr nicht aus diesem Grund (1Sam 16,7). Er erwählte Saul und erhöhte ihn, weil Saul demütig war. Aber weil Saul sich weigerte, dem Herrn zu gehorchen oder sich zu demütigen, als seine Sünde ans Licht kam, verwarf der Herr ihn als König (1Sam 15,23).

Nachdem Samuel diese folgenschweren Worte gesprochen hatte, wandte er sich zum Gehen. Saul warf sich zu Boden, klammerte sich an das Gewand des Propheten und flehte: »Ich habe gesündigt; nun aber ehre mich doch vor den Ältesten meines Volkes und vor Israel und kehre mit mir um, damit ich den HERRN, deinen Gott, anbete!« (1Sam 15,30).

Saul hatte gerade die Gunst Gottes verloren, aber alles, was ihn interessierte, war die Zustimmung des Volkes! Das ist Stolz.

Denn so spricht der Hohe und Erhabene, der ewig wohnt und dessen Name »Der Heilige« ist: In der Höhe und im Heiligtum wohne ich und bei dem, der zerschlagenen und gedemütigten Geistes ist, damit ich den Geist der Gedemütigten belebe und das Herz der Zerschlagenen erquicke. — Jesaja 57,15

Gott, der Hohe und Erhabene, wohnt bei den Demütigen. Er sucht die Gemeinschaft mit ihnen. Das ist wirklich erstaunlich. Demut zieht Gott an, und Demut gehorcht ihm.

Vielleicht denkst du jetzt: *Aber, Andrew, ich dachte, Gnade wäre an keine Bedingungen geknüpft. Willst du damit sagen, dass ich etwas tun muss, um Gottes Gnade und Gunst in meinem Leben zu erfahren?* Nein, das sage ich nicht. Gnade ist bedingungslos. Sie hängt nicht von deiner Leistung ab. David hatte schwer gesündigt, aber er demütigte sich und empfing die Gnade Gottes. Man könnte also sagen, dass die Gnade zwar bedingungslos ist, aber im Verhältnis zu deiner Demut steht. Du musst nicht perfekt sein. Aber sei schnell bereit, Buße zu tun bzw. umzukehren. Demütige dich und gestehe begangene Fehler ein. In Jakobus 4,6 heißt es: »Gott widersteht den Hochmütigen; den Demütigen aber gibt er Gnade.«

KAPITEL 11

Gottes Art der Liebe

Jesus sagte: »Größere Liebe hat niemand als die, dass einer sein Leben lässt für seine Freunde« (Joh 15,13). Gottes Definition von Liebe ist eine andere als die der Welt. Die Welt sagt, Liebe bedeutet, jemanden zu finden, der die eigenen Bedürfnisse und Wünsche erfüllt. Im Mittelpunkt dieser Art von Liebe steht jedoch das eigene Ich. Gottes Art der Liebe ist nicht egoistisch. Sie gibt ihr Leben für einen anderen hin.

In 1. Korinther 13,3 heißt es:

> *Und wenn ich alle meine Habe austeilte und meinen Leib hingäbe, damit ich verbrannt würde, aber keine Liebe hätte, so nützte es mir nichts!*

Mit anderen Worten, die Motivation, die hinter einer »Liebestat« steht, ist wichtiger als die Handlung selbst. Man kann seine gesamten Ersparnisse spenden, um die Armen zu speisen, aber wenn man es zur eigenen Befriedigung tut, bedeutet es nichts. Man könnte sogar sein Leben opfern, wie es Dschihadisten und Selbstmordattentäter tun, etwa in der Hoffnung, im Paradies Zugang zu siebzig Jungfrauen zu erhalten, aber mit Gottes Art der Liebe hat das nichts zu tun. Wenn etwas nicht von Liebe motiviert ist, hat es keinen Nutzen.

Wenn Gott gibt, gibt er aus Liebe. Wenn Gott korrigiert, geschieht dies ebenfalls aus Liebe zu uns. Gott tut nichts aus selbstsüchtigem Ehrgeiz oder eitler Überheblichkeit (Phil 2,3). Der erste Korintherbrief beschreibt seine Liebe so:

> *Die Liebe [Nächstenliebe; die unverdiente, durch Taten zum Ausdruck gebrachte Liebe Gottes] ist langmütig und gütig, die Liebe beneidet nicht, die Liebe prahlt nicht, sie bläht sich nicht auf; sie ist nicht unanständig, sie sucht nicht das Ihre, sie lässt sich nicht erbittern, sie rechnet das Böse nicht zu; sie freut sich nicht an der Ungerechtigkeit, sie freut sich aber an der Wahrheit; sie erträgt alles, sie glaubt alles, sie hofft alles, sie erduldet alles. Die Liebe hört niemals auf.*
> *— 1. Korinther 13,4–8*

Die Liebe Gottes ist demütig. Sie ist nicht aufgeblasen. Was die meisten Menschen heute als Liebe bezeichnen, weist keine der im Ersten Korintherbrief aufgeführten Merkmale auf. Ihre Liebe ist egoistisch und rücksichtslos. Sie ist leicht zu verärgern und merkt sich jegliches Fehlverhalten. Sie ist neidisch und prahlerisch und glaubt schnell das Schlimmste von anderen. Sie hat überhaupt keine Ähnlichkeit mit der Liebe Gottes. Im besten Fall ist sie eine billige Imitation.

Das ist auch der Grund, warum so viele Ehen scheitern. Du kannst keine Person in der Hoffnung heiraten, sie werde dich vervollständigen oder dein Leben perfekt machen. In der Ehe geht es nicht darum, etwas zu bekommen. Es ist nicht einmal ein Fifty-fifty-Unterfangen. In der Ehe geht es ums Geben. Wenn du eine dauerhafte, glückliche Ehe anstrebst, suche dir jemanden, in den du dein Leben investieren kannst und der sein Leben in dich investieren wird. Und dann schaut zu, wie ihr im Geben und Lieben einander übertreffen könnt.

Wenn du wie Gott liebst und andere Menschen über dich selbst stellst, wirst du nicht so leicht zu provozieren sein (1Kor 13,5). Weißt du noch, was in Sprüche 13,10 (NLB) steht? Dort heißt es: »Stolz führt zu Streit.« Der einzige Grund, warum du schnell verärgert oder jähzornig bist, ist dein Stolz. Ich weiß, das ist schwer zu schlucken, aber es ist die Wahrheit. Du kannst nicht kontrollieren, was andere Menschen tun. Du betest vielleicht zu Gott, dass er jedes Hindernis aus dem Weg räumt und jede Person, die dir auf die Nerven geht, aus deinem Leben entfernt, aber damit verschwendest du nur deinen Atem. Andere Menschen sind nicht dein Problem. Die Art und Weise, wie du auf andere und die Umstände des Lebens reagierst, ist das Problem. Gott hat uns dazu berufen, Salz und Licht in dieser Welt zu sein (Mt 5,13–14). Um das zu erfüllen, müssen wir aus dem Salzstreuer herauskommen, müssen wir anfangen zu leuchten. Wir müssen mit anderen in Kontakt treten und lieben, wie Gott liebt – demütig und selbstlos.

Was die meisten Menschen heute als Liebe bezeichnen, weist keine der im Ersten Korintherbrief aufgeführten Merkmale auf.

Laut Römer 1,18–20 hat Gott jedem Mann und jeder Frau intuitives Wissen über beider Schöpfer gegeben. Er zieht jeden einzelnen mit seiner Liebe zu sich. Jedoch hat Satan von Anfang an versucht, die Aufmerksamkeit der Menschen von Gott wegzulenken. Manche hat er dazu gebracht, Gottes Existenz zu leugnen und ihre Herzen gegen ihn zu verhärten, bis sie seine Güte oder seine Zurechtweisung nicht mehr wahrnehmen können (Röm 1,28).

Diejenigen hingegen, die Gott anerkennen, versucht er zu verkehren und zum Götzendienst zu verführen.

Als Satan Adam und Eva im Garten Eden dazu verleitete, Gott ungehorsam zu sein, bedrohte er sie nicht. Auch setzte er nicht gleich mit einer Lüge an. Er ging viel subtiler vor. So wird es in 1. Mose 3,1–5 geschildert:

> *Aber die Schlange war listiger als alle Tiere des Feldes, die Gott der HERR gemacht hatte; und sie sprach zu der Frau: Sollte Gott wirklich gesagt haben, dass ihr von keinem Baum im Garten essen dürft? Da sprach die Frau zur Schlange: Von der Frucht der Bäume im Garten dürfen wir essen; aber von der Frucht des Baumes, der in der Mitte des Gartens ist, hat Gott gesagt: Esst nicht davon und rührt sie auch nicht an, damit ihr nicht sterbt! Da sprach die Schlange zu der Frau: Keineswegs werdet ihr sterben! Sondern Gott weiß: An dem Tag, da ihr davon esst, werden euch die Augen geöffnet, und ihr werdet sein wie Gott und werdet erkennen, was Gut und Böse ist!*

Diese letzte Aussage war eine unverfrorene Lüge. Aber beachte, dass Satan sie nicht gleich zu Beginn anführte. Eva kannte die Anweisung Gottes. Also brachte Satan sie zuerst dazu, Gottes Absichten in Frage zu stellen. Er brachte sie dazu, an Gottes Liebe zu zweifeln. »Du wirst ganz sicher nicht sterben«, sagte er. »Gott enthält dir etwas vor. Er will dich davon abhalten, Gut und Böse zu erkennen. Es wäre besser für dich, wenn du dich von Gott lösen würdest. Mach dein eigenes Ding. Sei wie Gott. Sei unabhängig.« Und weiter heißt es in 1. Mose, dass sie den Baum betrachtete und feststellte, dass er »eine Lust für die Augen« und begehrenswert wäre, weil er weise mache, also gab sie der Versuchung Satans nach und nahm von der Frucht (1Mo 3,6). In gewissem Sinne machte sie sich selbst zu Gott. Das ist der ultimative Ausdruck von Stolz.

Gott überließ Adam und Eva die Wahl, ihm zu folgen. Als freie Menschen mit der Fähigkeit zu moralischem Handeln lässt er jedem von uns die gleiche Wahl. Er wird uns niemals seinen Willen oder seine Wege aufzwingen. Das ist Wesensbestandteil seiner Liebe. Gott lässt uns die Wahl. Wir können uns dafür entscheiden, seine Liebe in Demut zu erwidern und uns ihm zu unterstellen, oder wir können wählen, unabhängig zu bleiben. Aber unsere Unabhängigkeit bleibt nicht ohne Folgen. Wenn wir uns entscheiden, von Gott unabhängig zu bleiben, entscheiden wir uns dafür, unabhängig von seinem Schutz, seinem Segen und seiner Gnade zu leben.

Viele Menschen halten sich für »aufgeklärt« und betrachten Gottes Wort und die darin enthaltenen Standards als veraltet. Vor einigen Jahren unterstützte ein US-Präsident, der von sich behauptete, Christ zu sein, mehrere »Lebensstilentscheidungen«, die dem Wort Gottes widersprachen. Auf einer Pressekonferenz fragte ihn jemand: »Wie können Sie behaupten, Christ zu sein, und zugleich für bestimmte Werte eintreten, die dem Wort Gottes widersprechen?« Darauf antwortete er: »Die Bibel ist veraltet. Sie mag ihren Ursprung in Gott haben, aber sie ist durch Menschen entstanden. Sie ist geprägt von den Einflüssen der vorherrschenden Kulturen und wurde durch deren geltende Wertesysteme verfälscht. Sie ist nicht mehr das reine Wort Gottes.«

Er verwarf im Grunde das Wort Gottes und erhob seine eigenen Vorstellungen von Gerechtigkeit zum Maß aller Dinge. Das ist Stolz. Aber der Tag wird kommen, an dem jeder stolze Mensch, der Werte befürwortet oder gefördert hat, die dem Wort Gottes widersprechen, seinen Irrtum erkennen wird. Es spielt keine Rolle, ob diese Leute von der Gesellschaft mit Lob überschüttet wurden oder ob es so scheint, als hätten sie in diesem Leben den Sieg davongetragen – es wird der Tag kommen, an dem sie vor Gott stehen und sich für ihren Stolz verantworten müssen. Sie werden die ehrfurchtgebietende Herrlichkeit Gottes sehen und ihre eigene Torheit erkennen. Diejenigen, die auf Gottes Wort gespuckt und seine Gnade beleidigt haben, werden in Demut ihr Knie beugen, ihr Unrecht zugeben und seine Herrschaft bekennen (Phil 2,10–11).

Dieser Tag wird für einen jeden von uns kommen. Aber wenn wir uns entscheiden, noch in diesem Leben auf die Liebe Gottes zu reagieren, werden wir an jenem Tag nicht gedemütigt werden. Stattdessen wird Gott seine Gnade über uns ausgießen und sagen: »Das hast du gut gemacht, du guter und treuer Diener! Geh ein in die Freude des Herrn« (s. Mt 25,21). Wir werden seine Gnade nicht erhalten, weil wir alles perfekt gemacht haben. Gott gibt uns seine Gnade nicht auf der Grundlage unserer Heiligkeit, sondern im Verhältnis zu unserer Demut. Wenn wir uns entscheiden, uns zu demütigen und auf Jesus zu vertrauen, werden wir Gnade empfangen.

Demut liebt, was Gott liebt, und sie hasst, was Gott hasst (Spr 6,16–19). Eines dieser Dinge, die Gott hasst, ist Stolz (Spr 6,17). Demut beugt sich seinen Maßstäben und verlässt sich auf ihn. Gottes Maßstab ist die Liebe.

Und Jesus sprach zu ihm: »Du sollst den Herrn, deinen Gott, lieben mit deinem ganzen Herzen und mit deiner ganzen Seele und mit deinem ganzen Denken«. Das ist das erste und größte Gebot. Und das zweite ist ihm vergleichbar: »Du sollst deinen Nächsten lieben wie dich selbst«. An diesen zwei Geboten hängen das ganze Gesetz und die Propheten.
— Matthäus 22,37–40

Gott zu lieben und andere zu lieben, erfüllt das Gesetz. Aber »deinen Nächsten zu lieben wie dich selbst« bedeutet nicht, dessen Sünde zu ignorieren. In 3. Mose 19,17–18 (ELB) heißt es: »Du sollst deinen Bruder in deinem Herzen nicht hassen. Du sollst deinen Nächsten ernstlich zurechtweisen und sollst Sünde auf ihm nicht ertragen. … [Du] sollst deinen Nächsten lieben wie dich selbst. Ich bin der HERR.« Gottes Maßstab zu kennen, die Wahrheit zu wissen und deinen Nächsten nicht vor den Folgen der Sünde zu warnen, ist falsch. Das ist keine Liebe.

Gott zu lieben und andere zu lieben, erfüllt das Gesetz. Aber »deinen Nächsten zu lieben wie dich selbst« bedeutet nicht, dessen Sünde zu ignorieren.

Nun gibt es natürlich auch völlig falsche Arten, seinen Nächsten zu korrigieren. Wir alle kennen religiöse Menschen, die Gottes Wort wie eine Keule benutzen, um andere damit zu schlagen. Davon rede ich hier nicht. Wie Gott zu lieben bedeutet, zu hassen, was das Böse den Menschen antut – und zwar so sehr, dass man den Verlust der eigenen Bequemlichkeit in Kauf nimmt, um sie zu warnen.

Ich erinnere mich, wie ich eines Nachts im Nebel über eine kurvenreiche Bergstraße nach Hause fuhr. Es war finster. Es gab keine Straßenbeleuchtung. Ich konnte nur ein kurzes Stück des Weges vor mir sehen. Ein Auto überholte mich, trat auf die Bremse und schleuderte nach rechts. Ich konnte erkennen, dass es etwas angefahren hatte. Ich fuhr an den Straßenrand und hielt an. Ein paar Meter vor mir lag ein verletztes Pferd. Zwischen dem Pferd und unseren Fahrzeugen waren alle drei Fahrspuren blockiert. Doch bevor ich wusste, was passierte, kam ein anderes Auto, ebenfalls zu schnell, um die Kurve daher und rammte das Pferd. Ich konnte hören, wie weitere Autos die Straße hinauffuhren. Aufgrund des dichten Nebels würden deren Fahrer das verunfallte Fahrzeug mit Sicherheit erst sehen, wenn es zu spät war, also rannte ich die Straße hinunter, um die Leute vor der drohenden Gefahr zu warnen.

Ich lief jedem Auto entgegen, das die Passstraße hochkam, wedelte mit den Armen und brüllte laut. Ich wurde angehupt, angeschrien und beschimpft. Ich bin sicher, dass alle das Schlimmste von mir dachten, und ehrlich gesagt wäre es einfacher gewesen, in meinem Auto sitzen zu bleiben und auf die Polizei zu warten. Aber wenn ich nicht versucht hätte, diese Leute zu warnen, hätte ich mich selbst mehr geliebt als meine Mitmenschen. Ich wäre mehr um mein eigenes Wohlbefinden als um deren Leben besorgt gewesen. Brüder und Schwestern, Liebe spricht die Wahrheit aus und Liebe beschützt (1Kor 13,6–7 NIV).

KAPITEL 12

Demut bedeutet Abhängigkeit

Wahre Demut ist einfach nur Abhängigkeit von Gott. Ein Freund von mir, Happy Caldwell, führte mir dies deutlich vor Augen, als er seine Gemeinde im Jahr 2014 an neue Pastoren übergab. Er und seine Frau Jeanne hatten Agape Church 1979 in Little Rock, Arkansas, gegründet. Fünfunddreißig Jahre lang hatten die beiden ihr Leben in diese Gemeinde eingebracht, deren Dienste aufgebaut und viel Zeit und Geld investiert. Agape war ihr ganzes Leben, aber als Gott ihnen sagte, es sei an der Zeit, weiterzuziehen, taten sie es. Vor ein paar Jahren hörte ich Happy seine Geschichte auf einer Pastorenkonferenz erzählen. Er ermutigte ältere Pastoren, über den Übergang ihres Dienstes auf die nächste Generation nachzudenken. Während seines Aufrufs sagte er: »Würdet ihr alles aufgeben, was ihr aufgebaut habt, wenn der Herr euch auffordern würde, zu gehen? Würdet ihr es jemand anderem überlassen? Könntet ihr neu anfangen, oder seid ihr süchtig nach eurer Sicherheit? Seid ihr darauf bedacht, Gottes Reich aufzubauen, oder versucht ihr, euer eigenes Reich zu errichten?«

Er fragte im Grunde: »Seid ihr demütig?« Als ich so dastand und mein Herz durchforschte, betete ich: »Gott, gibt es noch etwas, was ich tun soll? Soll ich irgendetwas niederlegen? Oder ist da etwas, das ich anpacken soll?« Ich hatte nicht das Gefühl, der Herr fordere mich als Antwort dazu auf, irgendetwas anders zu machen, aber ich kann wahrheitsgemäß sagen, dass ich in jenem Moment wirklich alles aufgegeben habe. Wenn Gott mir sagen würde, ich solle nach Afrika gehen und von einer Lehmhütte aus einen Dienst anfangen, würde ich das machen. Ich bin mir nicht sicher, ob ich Jamie davon überzeugen könnte, mitzugehen, aber auf Gottes Geheiß würde ich bereitwillig alles hinter mir lassen.

In Psalm 27,4 steht: »Eines erbitte ich von dem HERRN, nach diesem will ich trachten: dass ich bleiben darf im Haus des HERRN mein ganzes Leben lang, um die Lieblichkeit des HERRN zu schauen und [ihn] zu suchen in seinem Tempel.« Gott ist alles, was ich brauche. Wenn ich alles verlöre, wenn ich nicht mehr im Fernsehen zu sehen wäre, wenn wir keine Bibelschule hätten, wenn ich wieder am Anfang stünde, wäre das für mich in Ordnung.

Demütig zu sein bedeutet, dass wir bereit sein müssen, uns von allem und jedem zu trennen, wenn es das ist, was Gott gefällt und ihn verherrlicht. Wahre Demut hat keine eigene Agenda. Sie macht sich völlig von Gott abhängig. Als Mose darum bat, Gottes Herrlichkeit sehen zu dürfen, antwortete der Herr: »Mein Angesicht wird mitgehen, bis ich dir Ruhe verschafft habe« (2Mo 33,14 EÜ). Im nächsten Vers drückte Mose seine völlige Abhängigkeit von Gott aus, indem er im Grunde sagte: »Herr, wenn du nicht mit mir gehst, werde ich mich nicht vom Fleck rühren!« Das ist Demut. Demut sucht Gott. Sie erkennt an, dass sie ohne ihn nichts zu tun vermag.

Stolz hingegen weigert sich, die Abhängigkeit von Gott anzuerkennen.

Der Gottlose wird wegen seiner stolzen Haltung nicht nach Gott suchen: Gott ist nicht in allen seinen Gedanken.
— Psalm 10,4 KJV

Die meisten verkennen diesen Teil der Demut. Sie denken: *Ich bin nicht arrogant. Ich halte mich nicht für besser als alle anderen, also bin ich wohl demütig.* Aber sie verlassen sich nicht auf Gott. Sie wenden sich nur dann an ihn, wenn sie in Schwierigkeiten sind. Sehr viele Menschen beten erst, nachdem sie alle natürlichen Möglichkeiten ausgeschöpft haben. Und obwohl es vielleicht normal ist, alle natürlichen Mittel auszuschöpfen, bevor man sich an Gott wendet – schließlich machen es die meisten ja so –, ist es dennoch nicht biblisch. Überwiegend herrscht die Meinung, man solle zunächst sein Möglichstes tun und sich dann auf Gott verlassen, dass er das tut, wozu man selbst nicht in der Lage ist. Wenn eine Person krank wird, prüft sie alle medizinischen Möglichkeiten, bevor sie sich an Gott wendet. Ich will damit nicht sagen, dass Christen keine Ärzte aufsuchen sollten oder dass Ärzte etwas Schlechtes seien. Aber sollten wir als Gläubige nicht an Gott glauben und auf ihn zählen?

Was Finanzen anbelangt, sagt die Bibel, sollen wir niemandem etwas schulden (Röm 13,8). Doch wie viele Christen befolgen diese Weisung tatsächlich? Anstatt sich auf Gott als ihre Quelle zu verlassen, nehmen sie Kredite auf und verbraten hohe Summen für Zinsen. Wenn sie dann ihre Raten nicht mehr zahlen können, bitten sie Gott um Hilfe. Gott ist weder ein Sicherheitsnetz noch ein Feuerlöscher. Er ist Gott. Demut erkennt das an und vertraut darauf, dass das, was er über sich selbst sagt, auch so stimmt.

Jesus sagte: »Wahrlich, wahrlich, ich sage euch: Der Sohn kann nichts von sich selbst aus tun, sondern nur, was er den Vater tun sieht; denn was dieser tut, das tut gleicherweise auch der Sohn« (Joh 5,19). Einige Leute haben versucht, mit dieser Aussage die Göttlichkeit Jesu zu widerlegen, aber ich halte sie für einen der besten Beweise überhaupt.

Ein paar Verse später bringt Jesus nochmals seine Abhängigkeit von Gott zum Ausdruck, indem er sagt:

Ich kann nichts von mir selbst aus tun. Wie ich höre, so richte ich; und mein Gericht ist gerecht, denn ich suche nicht meinen Willen, sondern den Willen des Vaters, der mich gesandt hat. — Johannes 5,30

Mit solchen Aussagen zeigt Jesus sein Einssein mit dem Vater. Jesus machte sich von Gott derart abhängig, dass er nicht losgelöst von ihm handeln konnte. Wenn Jesus Christus, der sündlose Sohn Gottes, sich weigerte, anders als in Demut zu handeln, was glauben wir dann, wer wir seien, wenn wir versuchen, im Alleingang zu handeln?

Du magst ja ein wiedergeborener Christ sein und Gott lieben, aber lebst du unabhängig von ihm? Tust du die Dinge auf deine eigene Weise und wendest dich nur dann an Gott, wenn es schiefgeht? Oder folgst du den Maßstäben seines Wortes?

Jesus machte sich von Gott derart abhängig, dass er nicht losgelöst von ihm handeln konnte.

Wir hatten dieses Beispiel schon, aber noch einmal: Falls Gott dich dazu aufgefordert haben sollte, das Charis Bible College zu besuchen, warum dann noch nach meiner Meinung fragen? Warum auf meine Weisheit bauen? Wenn Gott dir sagt, du sollst etwas tun, dann tu es. Es spielt keine Rolle, ob es den Teufel verärgert oder deine Mutter aufregt, tu es einfach! Auch wenn es so wirkt, als stünden die Dinge nicht zu deinen Gunsten, verfalle nicht in Stolz, indem du dich auf deinen eigenen Verstand verlässt (Spr 3,5). Vertraue darauf, dass Gott unveränderlich Gott ist und die Dinge zu deinem Besten regelt (Jes 46,10; Röm 8,28).

Als Petrus Jesus auf dem Wasser gehen sah und sagte: »Herr, wenn du es bist, so befiehl mir, zu dir auf das Wasser zu kommen!«, und Jesus sagte, er solle kommen, bedeutete es für Petrus Demut, zu gehorchen (Mt 14,28–29). Es war ein Akt der Demut für Petrus, aus dem Boot zu steigen und auf dem Wasser zu gehen. Die meisten Menschen würden das nicht als Demut ansehen. Sie würden denken, dass eine demütige Person still gewesen und im Boot geblieben wäre. Aber wahre Demut glaubt an Gott. Sie macht sich von ihm abhängig und vertraut auf sein Wort. Wenn Gott dir sagt, du sollest im Boot bleiben, dann bleibst du im Boot. Aber wenn Gott sagt: »Komm«, dann wäre es Stolz, an diesem Wort (oder an deiner Fähigkeit, es auszuführen) zu zweifeln. Petrus ging nicht aufgrund seiner eigenen Fähigkeiten auf dem Wasser. Er ging auf dem Wasser, weil er auf Gottes Fähigkeit zur Erfüllung seines Wortes vertraute (Jer 1,12).

Da Gott mir gesagt hat, ich solle ein Bibelcollege bauen, ist es Demut, zu gehorchen. Es ist Demut, auf Gottes Fähigkeit zu vertrauen, sein Wort mir gegenüber zu erfüllen, auch wenn auf dem Preisschild mehr als 180 Millionen US-Dollar stehen. Meine natürliche Neigung wäre, zu sagen: »O Gott, wer bin ich? Wie soll ich das schaffen?« Doch das wäre Stolz. Das stünde nicht im Einklang mit seinem Wort, in dem es heißt: »Ich vermag alles durch den, der mich stark macht, Christus« (Phil 4,13). Für mich bedeutet Demut, dem zuzustimmen und das zu tun, was Gott mir aufträgt. Manche Leute missverstehen das. Sie kritisieren mich und werfen mir vor, ich wolle mir ein eigenes Reich errichten. Sogar einige meiner langjährigen Partner haben meine Beweggründe missverstanden und mich nicht mehr unterstützt. Aber würde ich meine eigene Meinung darüber, wie Gott mich gebrauchen sollte, zum Maßstab machen oder mir Sorgen um die Meinung und Zustimmung anderer Menschen machen, dann wäre das ein Zeichen, dass ich mich von Stolz bestimmen lasse.

Ich wurde mit einer falschen Vorstellung von Demut erzogen. In meinem religiösen Umfeld war es falsch, die Aufmerksamkeit auf sich zu lenken. Es war falsch, viel von sich selbst zu halten. Wenn etwas Gutes in meinem Leben geschah, wurde von mir erwartet, dass ich es von mir wies und sagte: »Ich bin doch bloß ein unwürdiger Diener.« So wurde ich erzogen. Aber die Wahrheit ist, dass es ein Zeichen von Demut ist, die Dinge, die Gott bei AWM und Charis tut, gebührend zu würdigen.

Für mich bedeutet Demut, dem zuzustimmen und das zu tun, was Gott mir aufträgt.

Wenn du so wie ich mit dem Eindruck aufgewachsen bist, Demut bedeute, wie ein geprügelter Hund und ohne Selbstwertgefühl durchs Leben zu gehen, und du deshalb einige der Dinge verworfen hast, die Gott dir aufgetragen hat, dann nimm dir einen Moment Zeit, um Buße zu tun (umzudenken und umzukehren). Demütige dich und erlaube der Gnade Gottes, in dein Leben zu fließen. Wenn du bisher zaghaft warst und aus Angst, jemand könne dich missverstehen, nicht das Wort ergriffen und deine Vision ausgesprochen hast, dann tue Buße. Die einzige Person, der du gefallen willst, ist Gott. Gott hat dich gebeten, etwas Bedeutendes zu tun, etwas, das über deine natürlichen Fähigkeiten hinausgeht. Ich glaube, dass Gott für dich eine Aufgabe hat, die deine Familie, dein berufliches Umfeld und deine Gemeinde segnen wird. Lass nicht zu, dass Stolz diese Menschen um den von Gott beabsichtigten Segen bringt. Wenn Gott dir die Aufgabe eines Abfallsammlers zugedacht hat, dann soll es so sein. Aber wenn Gott will, dass du der Besitzer des Abfallentsorgungsunternehmens bist, dann akzeptiere diese Position. Das ist Demut.

Demut ist nichts, was sich einmal einstellt und dann für den Rest des Lebens einfach fortbesteht. Sie erfordert einen ständigen Prozess der Neubewertung und Anpassung. Ich hörte einmal einen Mann sagen, er habe sich zwanzig Jahre zuvor mit seinem Fleisch auseinandergesetzt und Stolz sei seitdem kein Problem mehr für ihn. In dem Moment, als er das sagte, nannte ich ihn in Gedanken »Ikabod«. Der Name Ikabod bedeutet so viel wie »die Herrlichkeit ist gewichen« (1Sam 4,21). Dieser Mann war voller Stolz und war sich dessen noch nicht einmal bewusst! Paulus erklärte:

> *Wer meint, etwas »erkannt« zu haben, hat noch lange nicht erkannt, worauf es bei der Erkenntnis ankommt.*
> *— 1. Korinther 8,2 GNB*

Niemand kann den Stolz austreiben. Der einzige Weg, ihn vollständig loszuwerden, ist zu sterben. Solange wir in unserem irdischen Körper leben, müssen wir unser Ego in Schach halten. Wir müssen mit unserer Neigung fertigwerden, unabhängig von Gott zu handeln.

Mein Vater pflegte zu sagen: »Wenn du dich nicht selber lobst, lobt dich keiner.« Aber diese Vorstellung ist nicht gottgefällig. Sie lässt außer Acht, was Gottes Wort über Beförderung sagt (Ps 75,7–8) und missachtet Gottes Anweisung, uns selbst zu demütigen (Jak 4,10). Sie vertraut nicht auf Gottes Verheißung, diejenigen zu belohnen, die »als für den Herrn« dienen oder zuerst nach seinem Reich trachten (Eph 6,7–8; Kol 3,23–24; Mt 6,33). Dieser Gedankengang offenbart die Überzeugung, Gott sei gleichgültig, man könne sich nicht auf seine Hilfe verlassen und er werde uns nicht dafür belohnen, wenn wir in Demut leben. Doch nichts könnte weiter von der Wahrheit entfernt sein!

KAPITEL 13

Ein treuer Zeuge

Es gibt viele Menschen, die nicht darauf vertrauen, dass Gott sich um ihre Bedürfnisse kümmert oder sein Wort erfüllt. Also setzen sie ihre ganze Energie dafür ein, sich selbst voranzubringen und für ihre eigenen Bedürfnisse zu sorgen. Echte Demut ist ein erschreckend seltenes Gut und selbst bei denen kaum zu finden, die es besser wissen sollten. Ich treffe immer wieder auf Verantwortliche im Dienst, die kein Gespräch führen können, ohne mit ihren Leistungen zu prahlen. Um sich die Akzeptanz der Menschen zu sichern, rechnen sie sich das, was Gott tut, als eigenes Verdienst an. Doch das ist falsch.

Ein wahrhaft demütiger Mensch gibt Gott die Ehre. Gott ist die Quelle von allem Guten in unserem Leben (Jak 1,17). Du hast vielleicht hart für dein Geld gearbeitet, aber Gott hat dir die Kraft gegeben, Wohlstand zu erlangen (5Mo 8,18). Vielleicht hast du viele Stunden im Fitnessstudio verbracht, aber Gott hat dich im Mutterleib zusammengefügt (Ps 139,13). Vielleicht hast du deine musikalischen und künstlerischen Fertigkeiten entwickelt, bis deine Finger schwielig und blutig waren, aber Gott hat dir dieses Talent gegeben, um andere zu segnen und ihnen damit zu dienen (1Petr 4,10). Niemand ist ein Selfmade-Mann oder eine Selfmade-Frau.

Vor vielen Jahren, bevor ich im Fernsehen auftrat, hatte ich Rundfunksendungen in ganz Texas. Durch eine dieser Sendungen erhielt ich eine Einladung zu einem Interview in der

Fernsehsendung eines bekannten Pastors. Dieser Pastor hatte eine große Kirche in der Gegend von Dallas-Fort Worth, und als ich in der Stadt war, besuchte ich seinen Sonntagmorgengottesdienst. Ich hatte zwar schon zehn Jahre Radioarbeit hinter mir, aber niemand kannte mein Gesicht, und ich fragte mich, wie viele der vier- oder fünftausend Menschen in seiner Kirche wohl meine Sendung hörten. Ich fragte mich, ob sie meine Stimme erkennen oder wissen würden, wer ich sei. Ich begann, mir all diejenigen vorzustellen, denen ich gedient hatte, und dachte daran, dass sie ihre gewonnene Reife mir zu verdanken hätten. (Ich bin nicht stolz auf diese Geschichte, aber ich denke, sie veranschaulicht einen wichtigen Punkt). Als ich so dasaß und über diese Dinge nachdachte, sprach der Herr zu meinem Herzen. »Andrew«, sagte er, »das ist Stolz. Nicht du hast das Leben dieser Menschen berührt; ich habe es getan. Die Worte, die ich dir gegeben habe, sind nicht zu deiner, sondern zu meiner Ehre.«

Nicht du hast das Leben dieser Menschen berührt; ich habe es getan. Die Worte, die ich dir gegeben habe, sind nicht zu deiner, sondern zu meiner Ehre.

Während der Herr mich zurechtwies, bat mich der Pastor dieser Kirche, aufzustehen. »Wir sind so froh, dass Andrew Wommack heute bei uns in der Gemeinde ist«, sagte er. Und in diesem Moment hatte ich das Gefühl, Gott richte grelles Scheinwerferlicht auf meinen Stolz. Ich fühlte mich entblößt, nackt. Natürlich entblößte mich der Herr vor keinem dieser Menschen; niemand wusste, was ich gedacht hatte. Aber Junge, war das unangenehm! Wenn wir den Ruhm für das, was Gott getan hat, für uns beanspruchen, rauben wir ihm die Ehre und bringen uns selbst in Gefahr, erniedrigt zu werden.

Ich bin der HERR, das ist mein Name; und ich will meine Ehre keinem anderen geben, noch meinen Ruhm den Götzen!
— Jesaja 42,8

Allerdings hat das Ganze zwei Seiten. Man kann Gott die Ehre stehlen, indem man die Anerkennung für seine Taten für sich selbst beansprucht; aber man kann ihm auch die Ehre stehlen, indem man ihm gar keine Anerkennung zollt und somit auch anderen nicht die Möglichkeiten zum Lob dessen gibt, was er an einem getan hat. Gott hat mich gebraucht. Er hat durch mich viele Leben berührt. Es ist kein Stolz, das anzuerkennen, solange ich Gott die Ehre dafür gebe. Er ist die Quelle.

Jesus hat nie den Ruhm für sich selbst beansprucht. Als er in Johannes 5,30 sagte: »Ich kann nichts von mir selbst aus tun. Wie ich höre, so richte ich; und mein Gericht ist gerecht, denn ich suche nicht meinen Willen, sondern den Willen des Vaters, der mich gesandt hat«, drückte Jesus einerseits seine Abhängigkeit von Gott aus, andererseits verherrlichte er seinen Vater zugleich. »Mein Vater ist derjenige, der spricht«, sagte er damit. »Ich rede nur, was er redet.«

Als Jesus einmal im Tempel lehrte, fragte das Volk: »Woher hat dieser Mensch all seine Weisheit? Ist er nicht der Sohn Josefs? Er hat doch nicht studiert …« Jesus antwortete folgendermaßen:

Meine Lehre ist nicht von mir, sondern von dem, der mich gesandt hat. Wenn jemand seinen Willen tun will, wird er erkennen, ob diese Lehre von Gott ist, oder ob ich aus mir selbst rede. Wer aus sich selbst redet, der sucht seine eigene

Ehre; wer aber die Ehre dessen sucht, der ihn gesandt hat, der ist wahrhaftig, und keine Ungerechtigkeit ist in ihm.
— Johannes 7,16–18

Jesus hat nicht seine eigene Botschaft verkündet. Er war ein treuer Zeuge und schrieb Gott seine Weisheit zu.

Ein Mann, den ich sehr schätze, kam vor kurzem zu mir und sprach über einige lehrmäßige Fragen, die er untersucht hatte. Er war überzeugt, Gott habe ihm einige Dinge gezeigt, aber es fiel ihm schwer, sie biblisch zu belegen. Was er sagte, machte Sinn, aber um zu seinen Schlussfolgerungen zu kommen, musste er sich von der Bibel wegbewegen. Damit will ich nicht sagen, dass alles, was nicht aus der Bibel stammt, falsch ist, aber ich kann Dingen abseits der Bibel nicht so leicht vertrauen, wie ich der Bibel selbst vertraue. Also sagte ich ihm: »Alles, was du sagst, macht Sinn. Es mag völlig wahr sein, aber wenn es nicht anhand der Bibel belegt werden kann, werde ich es auf keinen Fall lehren.«

Wir dürfen nicht damit anfangen, unsere Lehre auf Dinge außerhalb des Wortes Gottes zu gründen. Das wäre so, als baute man ein Haus ohne Fundament. Es sähe vielleicht eine Zeit lang ganz passabel aus, aber irgendwann würde das Haus einstürzen. Es gäbe nichts, wodurch es gestützt würde. Manche sagen Dinge wie: »Das ist richtig tiefgründig. Es geht weit über das Wort hinaus.« Wenn das, was diejenigen gefunden haben, über das Wort hinausgeht, dann bedeutet tiefgründig vielleicht auch nur unterirdisch! Ich werde mich jedenfalls an das Wort Gottes halten. Ich werde nicht meine eigenen Lehrthesen entwickeln oder nach eigenem Ruhm streben. Ich werde auf das Fundament des Wortes bauen.

In Jesus war keine Ungerechtigkeit zu finden. Er war demütig. Er suchte nicht seinen eigenen Ruhm, aber er leugnete auch nicht die guten Dinge, die er tat; er gab einfach seinem Vater die Ehre dafür. Es existiert diese falsche Vorstellung, dass man Erreichtes herunterspielen und abwerten muss, wenn man Demut beweisen will. Doch das ist keine echte Demut. Das ist religiöser Betrug. Es ist absolut nichts falsch daran, die guten Dinge anzuerkennen, die Gott dir gegeben oder an dir gewirkt hat. Die Frage ist, ob du Gott die Ehre dafür gibst. Erkennst du ihn als die Quelle an?

Es ist Stolz, die Lorbeeren für all das Gute in deinem Leben einzuheimsen und zu sagen: »Seht mich an – schaut, was ich geleistet habe.« Aber herunterzuspielen, was Gott durch dich bewirkt hat, ist gleichermaßen Stolz. Du stiehlst ihm im Grunde genommen seinen Ruhm. Jesus hat die Wunder, die Gott durch ihn vollbracht hat, nicht kleingeredet. Er leugnete nicht, dass Tote auferweckt wurden, dass Blinde ihr Augenlicht wiedererlangten und dass Gelähmte wieder laufen konnten. Er führte diese Wunder sogar als Beweis für seine Identität an (Mt 11,4–6). Aber jedes Mal, wenn jemand fragte: »Woher hast du diese Vollmacht?«, gab er Gott die Ehre. Er war ein treuer Zeuge (Offb 1,5).

Es ist absolut nichts falsch daran, die guten Dinge anzuerkennen, die Gott dir gegeben oder an dir gewirkt hat. Die Frage ist, ob du Gott die Ehre dafür gibst.

Das Buch der Sprüche weiß eine Menge darüber zu sagen, was einen treuen Zeugen oder einen gewissenhaften und zuverlässigen Nachrichtenüberbringer ausmacht (Spr 13,17; 14,5.25; 25,13). Ein treuer Zeuge ist demjenigen gegenüber treu, der ihn gesandt hat. Er ist nicht darauf aus, sich selbst Bedeutung zu verleihen, sondern denjenigen, der ihn gesandt hat, korrekt und zuverlässig zu vertreten. Ein untreuer Nachrichtenüberbringer ist mehr auf seinen eigenen Ruf bedacht. Wenn die Botschaft, die er überbringen soll, ihn persönlich schädigen oder in Verlegenheit bringen könnte, wird ein untreuer Übermittler die Botschaft so abändern, dass sie – und er selbst – gut ankommt. Das ist Stolz.

Laut einer Umfrage des Barna-Instituts glauben neunzig Prozent der Pastoren, dass das Wort Gottes jedes soziale Übel und jedes moralische Problem unserer Gesellschaft anspricht. Doch dieselbe Umfrage zeigt auch, dass weniger als zehn Prozent der Pastoren dazu bereit sind, die Antworten der Bibel auch öffentlich zu predigen. Sie wissen, was das Wort Gottes sagt, aber sie wollen es nicht lehren, weil sie befürchten, die Besucherzahlen oder die Opfereinnahmen könnten zurückgehen. Sie wollen die Wahrheit nicht lehren, weil sie vielleicht Hassmails bekommen oder auf Social-Media-Plattformen negativ dargestellt werden. Sie predigen nur unumstrittene Themen oder Inhalte, die ihre Position stärken. So verhalten sich untreue Zeugen. Sie streben nach dem Lob und der Anerkennung der Menschen und nicht nach Gott. Dieses Problem betrifft nicht nur Pastoren, sondern auch Leute, die in den Kirchenbänken sitzen. Obwohl sie wissen, was das Wort Gottes sagt, schweigen sie, damit sie nicht kritisiert und abgelehnt werden. Das ist der Grund, warum in unserer Nation so viel Aufruhr herrscht – weil die Christen schweigen. Sie sind nicht Salz und Licht (Mt 5,13–14). Sie sind keine treuen Zeugen.

Ich erinnere mich, dass ich einmal in Deutschland mit Hilfe eines Dolmetschers diente. Ich kannte weder die Sprache noch die Kultur, also musste ich mich darauf verlassen, dass der Dolmetscher meine Botschaft so übermitteln würde, dass die Menschen sie verstehen könnten. Ich weiß nicht genau, wie ich beschreiben soll, was ich fühlte, aber ich merkte, dass ich zu den Leuten nicht durchdrang. Obwohl es so wirkte, als hätte ich die Aufmerksamkeit der Anwesenden, reagierten sie nicht auf das, was ich sagte.

Und das ist bei meinen Veranstaltungen sehr ungewöhnlich! Wenn ich spreche, sind die Leute normalerweise entweder begeistert oder sie hassen es. Meine Worte werden nie als bloß lauwarm empfunden. Diese Zusammenkunft war für mich frustrierend. Ich konnte mir einfach nicht erklären, was da falsch lief. Also sprach ich nach der ersten Session mit dem Pastor. »Was ist hier los?« fragte ich. »Es scheint nicht zu funktionieren.«

»Der Dolmetscher macht seine Arbeit nicht richtig«, sagte er. »Er ändert ab, was du sagst, weil er nicht mit dir übereinstimmt. Er glaubt nicht, dass die Bibel wirklich das aussagt, was du ihr zuschreibst.«

Man könnte das auf viele Arten ausdrücken, aber letzten Endes war es Stolz. Der Dolmetscher war besorgt, dass die Leute nicht mögen würden, was er zu sagen hatte. Er war mehr um seinen Ruf besorgt als um meinen und hat das von mir Gesagte falsch wiedergegeben. Er hätte sich gar nicht erst Gedanken darüber machen sollen, was die Leute von ihm dächten; er hat nicht für sich selbst gesprochen. Er hat für mich gedolmetscht. Hätte den Leuten nicht gefallen, was ich durch ihn zu sagen hatte, wäre die Kritik nicht an ihn gegangen. Sie hätte sich an mich gerichtet. In gewisser Weise ist es das, was Pastoren tun, wenn sie nicht den ganzen Ratschluss des Wortes Gottes wiedergeben – oder genauer gesagt, *weitergeben*. Sie interpretieren, was der Herr sagt, und das auch noch falsch. Als treue Zeugen sollten sie sich nicht darum kümmern, wie die Menschen reagieren. Sie sollten nicht auf ihren eigenen Ruhm bedacht sein oder sich um ihren Ruf sorgen. Ein treuer Zeuge wird einfach sagen, was Gott spricht, und den Dingen ihren Lauf lassen.

Vor Jahren predigte ich auf einer Versammlung über Finanzen und die Leute waren so aufnahmefähig wie ausgetrocknete Erde, die man mit Wasser begießt. Am nächsten Sonntag tat einer der Pastoren, der mich eingeladen hatte, vor der versammelten

Gemeinde Buße. Er ging auf die Knie, entschuldigte sich bei den Anwesenden, indem er sagte: »Es tut mir so leid. Ich wusste von den Dingen, die Andrew über Finanzen gelehrt hat, und habe sie jahrelang persönlich angewandt, aber ich habe sie nie vom Podium aus gesagt. Ich hatte Angst, euch zu verärgern. Ich wollte nicht, dass ihr schlecht von mir denkt oder meint, ich sei nur hinter eurem Geld her. Es war falsch von mir, euch diesen Teil von Gottes Wort nicht zu lehren. Bitte vergebt mir.« Noch während er sich demütigte, stürmten die Leute in seiner Gemeinde nach vorne und warfen Geld aufs Podium. Während eines einzigen Gottesdienstes wurden so die gesamten Schulden der Gemeinde getilgt!

In einem Moment der Demut wurde dieser Pastor zu einem treuen Zeugen. Er war nicht darauf bedacht, sich selbst zu profilieren oder seinen Ruf zu schützen. Er versuchte nicht, sein eigenes Reich aufzubauen. Er wurde ein treuer Zeuge und erquickte die Seele Gottes (Spr 25,13).

KAPITEL 14

Der Schlüssel zur Beförderung

Andrew Wommack Ministries und das Charis Bible College beschäftigen weltweit mehr als 650 Mitarbeiter. Auf jeder Ebene innerhalb der Organisation achten wir darauf, treue Zeugen einzustellen und zu fördern. Ein untreuer Zeuge würde die ihm übertragene Befugnis und Autorität missbrauchen und dem Dienst schaden, deshalb prüfen wir ständig die Vertrauenswürdigkeit einer Person. Wenn eine Person Fehler macht – und das tut jeder –, gibt sie es dann zu und erkennt die Wahrheit an, oder erfindet sie Ausflüchte, um die Sache zu vertuschen? Übertreibt sie oder manipuliert sie die Fakten (Spr 14,5)? Wenn ja, dann ist diese Person mehr um ihren eigenen Ruf besorgt als um den des Dienstes. Ihr Herz ist nicht am Dienen interessiert; sie ist nur deshalb bei AWM, um von hier aus etwas Eigenes auf die Beine zu stellen oder aus irgendwelchen anderen Gründen. Wir lieben solche Leute nach wie vor, aber es mindert ihren Wert für uns, weil wir ihnen keine weitere Verantwortung anvertrauen können. Sie sind keine treuen Zeugen.

Wenn eine Person jedoch das tut, was für den Dienst richtig ist, selbst wenn es sich zu ihrem Nachteil auswirkt, spricht das Bände über ihren Charakter. Dieser Mann, oder diese Frau, wird zu einem unserer wertvollsten Aktivposten.

Ebenso ihr Jüngeren, ordnet euch den Älteren unter; ihr alle sollt euch gegenseitig unterordnen und mit Demut bekleiden! Denn »Gott widersteht den Hochmütigen; den Demütigen aber gibt er Gnade«. — 1. Petrus 5,5

Gott liebt uns unabhängig davon, ob wir die Dinge richtig machen, aber Gott kann keinen Stolz fördern. Und je mehr ich mit Gott in Einklang komme, desto gnädiger begegne ich Menschen, die sich selbst demütigen. Diejenigen, die selbstsüchtig und unsicher sind, die Umstände manipulieren und andere beschuldigen, um selbst gut dazustehen – diesen Menschen widerstehe ich. Das heißt nicht, dass ich sie schlecht behandle. Doch wie Gott kann ich das nicht fördern. Ich brauche treue Zeugen.

Vor Jahren hatte ich einen Mitarbeiter namens Milton Ooley. Er leitete meine IT-Abteilung. Als der Dienst zu wachsen begann, brauchte Milton Hilfe. Wir schrieben die Stelle aus und bekamen eine Bewerbung von einem Mann aus Phoenix, Arizona. Ich hatte dort eine Veranstaltung, also reisten Milton und ich gemeinsam nach Phoenix. Der Plan war, dass Milton mit dem Bewerber, Stan Priest, das Vorstellungsgespräch führte, während ich bei der Versammlung war, und dann einen Computer finden sollte, um die Kompetenzen des Bewerbers an Ort und Stelle zu überprüfen. Als ich nach dem Gottesdienst zurückkam, fragte ich Milton nach dem Stand der Dinge.

»Der Mann ist ein Genie«, sagte er. »Ich habe ihn gar nicht erst einem Praxistest unterzogen. Nachdem ich mich ein paar Minuten mit ihm unterhalten hatte, stellte ich fest, dass er im Laufe seines Lebens schon mehr über Computer vergessen hat, als ich jemals darüber wissen werde!«

Natürlich stellten wir Stan ein. Er begann bei uns in der Datenerfassung zu arbeiten. Damals wusste ich es noch nicht, aber das war ein großer Rückschritt für ihn. Er hatte die gesamte IT-Abteilung bei *Food for the Hungry* geleitet. Nachdem wir Stan eingestellt hatten, kam sein früherer Chef in die Stadt und lud mich zum Essen ein. »Ich bin gekommen, weil ich versuchen will, Stan zurückzuholen«, sagte er. »Wir brauchen ihn. Wir mussten einen Personalvermittler beauftragen, um jemanden zu finden, der seine Position ausfüllen kann. Und selbst dabei fanden wir nur zwei Leute im ganzen Land, die qualifiziert genug wären, um das zu tun, was er bei uns getan hat.«

Stan ist seither ein enormer Segen für unseren Dienst. Er und seine Frau Donna sind nun schon seit über dreißig Jahren bei uns. Kurz nachdem wir Stan eingestellt hatten, kündigte Milton seinen Job und zog zurück nach Texas. »Stan kann das so viel besser als ich«, sagte er. »Er kann euch auf Ebenen führen, die ich selbst nie erreichen könnte.«

Milton war nicht darauf bedacht, sich selbst voranzubringen. Er war nicht auf seinen eigenen Ruhm aus. Er wollte das Beste für den Dienst, und als jemand anderes auftauchte, der qualifizierter war als er, trat Milton bereitwillig zur Seite. Das ist eine gottgefällige Einstellung. Doch nicht viele Menschen besäßen den Charakter, so etwas zu tun. Wenn sie in einer Organisation jemanden sähen, der besser qualifiziert ist, würden sie sich bedroht fühlen. Sie würden alles tun, um die Fähigkeiten dieser Person zu untergraben oder sie gleich ganz loszuwerden. Sie würden Dinge falsch darstellen, um die andere Person schlecht dastehen zu lassen. Sie würden vielleicht sogar deren Ideen stehlen. Man mag es nennen, wie man will – manch einer bezeichnet es vielleicht sogar als Arbeitsplatzsicherung –, aber in Wirklichkeit ist es nur Stolz. Eine solche Person ist nur darauf aus, sich selbst zu erhöhen.

Jesus konnte sagen, dass sein Urteil gerecht sei, weil er nicht den eigenen Ruhm suchte (Joh 5,30). Er lebte, um Gott zu verherrlichen. Das ist die Haltung, die Gott fördert.

Gary Luecke leitete Charis Colorado etliche Jahre, bevor er zum Leiter von Charis auf internationaler Ebene befördert wurde. Später trat er zurück, um der Führung des Herrn zu folgen, aber viele Jahre lang sagte er zu uns: »Was immer ihr von mir wollt, wie auch immer der Dienst mich gebrauchen kann, ich bin zu allem bereit.« Als er anfing, für uns zu arbeiten, nahm er eine große Gehaltseinbuße in Kauf. Aber er war nicht wegen des Geldes dabei. Er kam zu uns, weil er spürte, dass es das war, wozu Gott ihn berufen hatte.

Greg Mohr ist jetzt Direktor von Charis. Ich kenne Greg und seine Frau Janice schon seit Jahrzehnten. Früher habe ich in ihrer Kirche gedient. Als Greg zu Charis kam, fragte er jedoch nicht nach einer bestimmten Position. Obwohl er siebenundzwanzig Jahre lang als Pastor gearbeitet hatte, bat er nicht um besondere Befugnisse. Er sagte einfach: »Ich bin hier, um zu dienen und ein Segen für diesen Dienst zu sein. Ich werde alles tun, was ihr von mir verlangt.« So kam es, dass wir mit ihm eine Stelle besetzten, die gerade offen war.

Ein paar Jahre später kam Greg auf mich zu und sagte: »Ich glaube, Gott leitet mich dazu, bei Charis eine größere Führungsrolle zu übernehmen. Aber ich bin hier, um zu dienen. Wenn ihr wollt, dass ich in meiner jetzigen Position bleibe, werde ich das tun, und zwar weiterhin mit einer guten Arbeitseinstellung. Ich spüre jedoch, dass Gott mich für solche Aufgaben befähigt hat.« Das war Demut. Greg war nicht darauf aus, sich selbst voranzubringen. Er war bereit, überall zu dienen, doch als er den Anstoß spürte, den Gott seinem Herzen gab, reagierte er darauf. (Greg erzählte mir später, dass Gott zu ihm gesprochen habe, als er noch Student an der Rhema-Bibelschule war, und ihm gesagt habe, er werde eines Tages eine Bibelschule leiten. Damals dachte er, Gott habe vielleicht Rhema gemeint. Aber Jahrzehnte später erkannte er, dass Gott von Charis gesprochen hatte.) Greg spielte also nicht die Gott-Karte aus, als er zu mir kam. Er hat nicht versucht, mich mit einem »Gott hat gesagt« zu manipulieren, damit ich ihn befördere. Mehrere Jahre lang hat er einfach nur gedient und uns sein Herz und seinen Charakter sehen lassen. Er hat sich wirklich in eine Führungsposition hineingearbeitet.

Barry Bennett, der jetzt unser Dekan für die Lehrkräfte beim CBC ist, war ein erfolgreicher Missionar in Chile und leitete eine spanischsprachige Bibelschule in Texas. Er ist ein sehr qualifizierter Mitarbeiter und einer der beliebtesten Lehrer, die wir haben. Als er anfing, ist er aber nicht zu mir gekommen, um sich selbst zu beweihräuchern und mich wissen zu lassen, dass er unbedingt am College eingesetzt werden müsse. Er arbeitete zwei Jahre lang in unserer Abteilung für Kommunikationsdienste und beantwortete eingehende E-Mails für mich.

Im Gespräch fanden einige meiner Mitarbeiter seinen Werdegang heraus und baten ihn, einen der Gottesdienste in der CBC-Kapelle zu übernehmen. Die Studenten waren begeistert. Sie gaben ihm stehende Ovationen und seine CDs fanden stärkeren Absatz als die eines jeden anderen Sprechers, den wir bis zu jenem Zeitpunkt hatten.

Während einer Übergangszeit fragte ich Barry einmal, ob er daran interessiert sei, die Leitung von Charis zu übernehmen. Er sagte, dass er das nicht als seine Gabe empfinde. Er lehnte eine Gehaltserhöhung und größere Befugnisse ab, weil er nur das wollte, was der Herr für ihn vorgesehen hatte. So handelt ein treuer Mensch.

Ich könnte die Liste unseres Charis-Leitungsteams durchgehen und über diese besondere Haltung bei jedem Einzelnen im Team sprechen. Paul Milligan, der Mann, der früher unseren Dienst leitete, sagte kürzlich zu mir: »Falls du jemals keine Verwendung mehr für mich haben solltest, falls du irgendwann das Gefühl haben solltest, dass jemand anderes meine Aufgaben übernehmen kann, habe ich die innere Freiheit, zu gehen. Du würdest meine Gefühle nicht verletzen. Ich bin nur hier, um zu dienen.« Das ist Demut. All diese Menschen dienen einem höheren Zweck als sich selbst. Sie sind nicht darauf aus, ihr eigenes Reich zu errichten. Sie tun nur das, was sie für richtig halten. Sie dienen Gott und sind jedem gegenüber treu, dem sie von Gott unterstellt werden. Und das ist es, was einen treuen Zeugen ausmacht.

Wenn wir diese innere Haltung einnehmen und von Herzen dem Herrn dienen würden – selbst wenn wir für Ungläubige arbeiten –, würde Gott das belohnen (Eph 6,8). Der Psalmist sagte:

> *»Denn weder von Osten noch von Westen, auch nicht von der Wüste her kommt Erhöhung; sondern Gott ist der Richter; den einen erniedrigt, den anderen erhöht er.« — Psalm 75,7–8*

Beförderung kommt von Gott. Auch wenn ein Vorgesetzter die Demut vielleicht nicht sieht und honoriert, Gott tut es. Er lässt den Demütigen entweder die Gunst seines derzeitigen Chefs erlangen, lässt ihn einen besseren Job finden oder eröffnet ihm die Möglichkeit, sein eigenes Unternehmen aufzubauen. Für manche Menschen ist der Grund, warum sie noch nicht befördert worden sind, eben dieser Aspekt der fehlenden Demut. Sie sind keine treuen Zeugen gewesen. Sie sind nur darauf aus, sich selbst groß herauszubringen. Sie manipulieren Fakten. Sie sind neidisch auf ihre Kollegen und können über niemanden ein gutes Wort sagen. Sie werden nicht tun, was richtig ist, wenn sie dadurch etwas verlieren könnten.

Ich weiß noch, wie vor Jahren eine Firma für Spendenbeschaffung auf mich zukam und mir einen Zufluss von einer Million Dollar versprach, wenn ich sie einen Spendenaufruf für mich schreiben ließe. Der Dienst nahm zu diesem Zeitpunkt vielleicht gerade einmal 200.000 US-Dollar pro Jahr ein, also fragte ich: »Wie wollen Sie das erreichen?« Sie erklärten mir ihre Vorgehensweise (die sie bis ins Detail beherrschten), aber alles, was sie in dem Brief schreiben wollten, war unehrlich und manipulativ.

»Nichts davon ist wahr«, sagte ich.

»Es spielt keine Rolle, ob es wahr ist«, erklärten sie mir. »Sie leisten hier Großartiges. Lassen Sie uns Ihnen das Geld besorgen, damit Sie noch mehr bewirken können. Der Zweck heiligt die Mittel.«

»Nein, das tut er nicht!« sagte ich, als ich sie hinauswarf. »So dringend brauche ich das Geld nicht.«

Brüder und Schwestern, der Zweck heiligt keineswegs die Mittel! Wir müssen tun, was richtig ist. Wir müssen die Dinge in Demut tun, das heißt in Unterordnung und Abhängigkeit von Gott.

Ich kannte mal einen Mann, einen sehr gottesfürchtigen Mann, der den Herrn liebte, der aber Probleme hatte, die Wahrheit zu sagen. Als er sehr jung war, hatte ihn sein Vater schon wegen der kleinsten Verfehlung geschlagen, sodass er sich zu lügen angewöhnte, um seine Haut zu retten – buchstäblich. Er tat alles, was nötig war, um es seinem Vater recht zu machen und eine Tracht Prügel zu vermeiden. Ohne sich dessen bewusst zu sein, übernahm er diese Überlebenstaktik aus der Kindheit ins Erwachsenenalter. Als erwachsener Mann sagte er die dümmsten Dinge. Er log bei jeder nur denkbaren Gelegenheit. Er übertrieb und stellte Dinge falsch dar, nur um andere zu beeindrucken. Niemand konnte seinen Worten trauen, und das kostete ihn schließlich seinen Job.

Die Leute nennen das einen Geist der Lüge, aber in Wirklichkeit ist es ein Geist des Stolzes. Es ist ein Gefühl der Unsicherheit und der Angst vor der Ablehnung durch andere. Es ist der Versuch, Schmerz zu vermeiden. Ein solcher Mensch hat Angst, dass die Wahrheit ihm nichts nützt, also gibt er nur einen Teil der Wahrheit wieder. Wenn jemand das tut, legt er falsches Zeugnis ab (2Mo 20,16), und das ist Stolz. Eine solche Person arbeitet nicht »als dem Herrn« (Eph 6,7 ELB). Sie arbeitet für sich selbst. Und dann wundert sie sich, warum es nicht läuft wie erhofft. Gnade – Gunst und Beförderung – kann nur aufgrund von Demut fließen (Jak 4,6).

Wir müssen tun, was richtig ist. Wir müssen die Dinge in Demut tun, das heißt in Unterordnung und Abhängigkeit von Gott.

KAPITEL 15

Jesus als unser Vorbild

Jesus ist unser bestes Beispiel für Demut. Er machte sich keine Gedanken darüber, was populär war oder wie gut er bei den Menschen ankam. Er tat einfach, was Gott ihm aufgetragen hatte, und gab seinem Vater die Ehre. Nachdem Jesus die 5000 Menschen mit fünf Broten und zwei Fischen gespeist hatte, waren die Anwesenden so erstaunt, dass sie ihn zum König machen wollten (Joh 6). Aber Jesus »wusste, was im Menschen war« (Joh 2,25). Er wusste, dass die Herzen der Menschen nicht ihm zugewandt waren. Sie verehrten ihn und folgten ihm nicht deshalb, weil er Gott war; sie folgten ihm, weil er ihre Bäuche füllte. Es war der pure Eigennutz. Sie dachten, Jesus sei das Ticket zur Befriedigung ihrer Bedürfnisse. Also begann Jesus, eine harte Botschaft zu predigen.

> *Müht euch nicht um Speise, die vergänglich ist, sondern um Speise, die da bleibt zum ewigen Leben. Dies wird euch der Menschensohn geben; denn auf ihm ist das Siegel Gottes des Vaters. Da fragten sie ihn: Was sollen wir tun, dass wir Gottes Werke wirken? Jesus antwortete und sprach zu ihnen: Das ist Gottes Werk, dass ihr an den glaubt, den er gesandt hat. — Johannes 6,27–29* LUT

Nachdem Jesus diese Worte gesprochen hatte, verlangte das Volk ein Zeichen von ihm. Sie verlangten, dass er Manna hervorbringe und ihnen zu essen gebe, so wie Mose die Israeliten in der

Wüste gespeist hatte (Joh 6,30–31). Jesus hatte am Vortag auf übernatürliche Weise 5000 Männer gespeist – Frauen und Kinder nicht mitgerechnet –, aber das reichte ihnen nicht. Also antwortete er ihnen:

> *Wahrlich, wahrlich, ich sage euch: Nicht Mose hat euch das Brot aus dem Himmel gegeben, sondern mein Vater gibt euch das wahre Brot aus dem Himmel. Denn das Brot Gottes ist derjenige, der aus dem Himmel herabkommt und der Welt Leben gibt. — Johannes 6,32–33*

Jesus sagte: »Ihr erwartet Manna vom Himmel, ich aber bin das Brot des Lebens. Gott hat mich gesandt, um der Welt Leben zu geben.« Bestimmt hielten die Menschen der damaligen Zeit Jesu Aussage für arrogant. Aber es war die Wahrheit. Jesus bewies Demut, als er sich selbst als das Brot des Lebens bezeichnete. Er pflichtete damit seinem Vater bei.

Die Wahrheit zu sagen, ist nicht falsch. Wenn man ein milliardenschweres Unternehmen aufgebaut hat, ist es keine Demut, die eigenen Erfolge zu leugnen. Das ist religiöser Betrug. Wahre Demut würde sagen: »Ja, ich habe ein Milliarden-Dollar-Unternehmen aufgebaut, aber Gott hat mir die Möglichkeit dazu gegeben. Er gab mir die Weisheit, es gut zu machen. Ich bin froh, dass dieses Unternehmen ein Segen sein kann und so viele Menschen beschäftigt.« Demut leugnet nicht die guten Dinge. Sie gibt einfach Gott die Ehre dafür.

Ich habe in der Geschichte meines Dienstes mehrere Menschen von den Toten auferstehen sehen. Dennoch kritisieren mich die Leute und bezichtigen mich der Selbstdarstellung, wenn ich diese Geschichten erzähle. Ich behaupte nie, diese Wunder zu vollbringen; ich könnte nicht einmal eine Mücke auferwecken! Gott hat meinen Sohn von den Toten auferweckt. Gott hat meine Frau auferweckt. Gott hat den Mann aus Pritchett auferweckt. Das hat nichts mit Stolz zu tun; es geschieht einfach nur das, was Gott angekündigt hat (Mk 16,17–18; Joh 14,12). Gott wird dadurch verherrlicht.

Und es ist Demut, diese Dinge anzuerkennen – solange ich Gott die Ehre dafür gebe und den Ruhm nicht für mich beanspruche.

Demut bedeutet weder, sich selbst herabzusetzen oder zu kritisieren, noch das Gute im eigenen Leben zu verleugnen. Gott hat einige erstaunliche Dinge in meinem Leben getan. Und es ist Demut, diese Dinge anzuerkennen – solange ich Gott die Ehre dafür gebe und den Ruhm nicht für mich beanspruche. Genau so hat es Jesus gemacht, als er sagte:

> *Ich bin das Brot des Lebens. Wer zu mir kommt, den wird nicht hungern, und wer an mich glaubt, den wird niemals dürsten. Aber ich habe es euch gesagt, dass ihr mich gesehen habt und doch nicht glaubt. Alles, was mir der Vater gibt, wird zu mir kommen; und wer zu mir kommt, den werde ich nicht hinausstoßen. Denn ich bin aus dem Himmel herabgekommen, nicht damit ich meinen Willen tue, sondern den Willen dessen, der mich gesandt hat. — Johannes 6,35–38*

Jesus kam nicht auf die Erde, um seinen eigenen Willen zu verfolgen. Er befasste sich damit, das Reich seines Vaters zu bauen. Er sagte: »Das ist aber der Wille dessen, der mich gesandt hat, dass jeder, der den Sohn sieht und an ihn glaubt, ewiges Leben hat; und ich werde ihn auferwecken am letzten Tag« (Joh 6,40). Doch die Juden murrten über die Worte Jesu (Joh 6,41). Sie bezweifelten seine Motive und einige bezeichneten ihn sogar als Ketzer. Sie sagten: »Ist dieser nicht Jesus, der Sohn Josephs, dessen Vater und Mutter wir kennen? Wie kann dieser denn sagen: Ich bin aus dem Himmel herabgekommen?« (Joh 6,42).

Was Jesus sagte, war wahr. Er war wirklich vom Himmel herabgekommen. Er war kein gewöhnlicher Mensch. Er war Gott, der sich im Fleisch offenbarte (Joh 1,1; 1Tim 3,16), und es hätte von Stolz gezeugt, wenn Jesus das geleugnet hätte. Es wäre stolz von ihm gewesen, seine Worte aus Angst vor der Reaktion des Volkes abzumildern.

Das ist das Problem mit den heutigen Predigern. Sie sagen großteils nicht die Wahrheit über Finanzen, Heilung und die Taufe im Heiligen Geist, weil sie befürchten, jemand könne sie missverstehen oder kritisieren. Andere wollen aus demselben Grund nicht ansprechen, was Gott über Ehe, Kindererziehung und sexuelle Reinheit sagt. Sie denken, unsere Gesellschaft könne mit Gottes Wort nicht umgehen, weil es zu scharf sei, also verwässern sie es, um es verträglicher zu machen. Sie hören auf, treue Zeugen zu sein, und lassen zunehmend ihre eigenen Worte und Vorstellungen einfließen.

Menschen, die Angst vor Kritik haben und Anerkennung und Bestätigung von anderen brauchen, sind stolz. In Sprüche 29,25 heißt es: »Menschenfurcht ist ein Fallstrick.« Mit einem Fallstrick hat man früher Tiere gefangen. Satan benutzt die Menschenfurcht, um uns in die Falle des Stolzes zu locken, sodass wir uns in ihr verfangen. Diese Furcht hat ihre Wurzeln in der Selbstsucht. Wenn du Gott vertreten willst, musst du auf Kritik gefasst sein (2Tim 3,12). Jesus sagte: »Wehe euch, wenn alle Leute gut von euch reden! Denn ebenso haben es ihre Väter mit den falschen Propheten gemacht« (Lk 6,26). Wenn du nicht verfolgt wirst, lebst du nicht gottgemäß bzw. stellst Gott nicht wahrheitsgetreu dar. Wenn du nie mit dem Teufel zusammenprallst, dann nur deshalb, weil ihr beide in dieselbe Richtung unterwegs seid.

Wenn du nicht verfolgt wirst, lebst du nicht gottgemäß bzw. stellst Gott nicht wahrheitsgetreu dar. Wenn du nie mit dem Teufel zusammenprallst, dann nur deshalb, weil ihr beide in dieselbe Richtung unterwegs seid.

Fängst du an, Gott richtig darzustellen, wird dich das etwas kosten. Jesus fragte: »Und wenn schon der Hausherr als Herr der Dämonen bezeichnet wird, wie viel mehr wird das denen geschehen, die zu seinem Haushalt gehören!« (Mt 10,25 NLB). Wenn du das unverfälschte Wort Gottes weitergibst und die Leute es missverstehen, solltest du dich nicht gleich vor lauter Eifer überschlagen, weil du meinst, dich entschuldigen oder deine Worte erklären zu müssen. Als das Volk Jesus missverstand und anfing zu murren, machte er keinen Rückzieher. Stattdessen sagte er:

> *Murrt nicht untereinander! Niemand kann zu mir kommen, es sei denn, dass ihn der Vater zieht, der mich gesandt hat; und ich werde ihn auferwecken am letzten Tag. Es steht geschrieben in den Propheten: »Und sie werden alle von Gott gelehrt sein«. Jeder nun, der vom Vater gehört und gelernt hat, kommt zu mir. Nicht, dass jemand den Vater gesehen hätte; nur der, welcher von Gott ist, der hat den Vater gesehen. — Johannes 6,43b–46*

Jesus sagte im Grunde: »Warum regt ihr euch auf? Keiner eurer Lehrer weiß aus erster Hand, wovon er spricht, ich hingegen schon. Ich bin der Einzige, der den Vater gesehen hat, und ich kann mit Vollmacht über ihn reden.« Jesus fuhr fort:

> *Wahrlich, wahrlich, ich sage euch: Wer an mich glaubt, der hat ewiges Leben. Ich bin das Brot des Lebens. Eure Väter haben das Manna gegessen in der Wüste und sind gestorben; dies ist das Brot, das aus dem Himmel herabkommt, damit, wer davon isst, nicht stirbt. Ich bin das lebendige Brot, das aus dem Himmel herabgekommen ist. Wenn jemand von diesem Brot isst, so wird er leben in Ewigkeit. Das Brot aber, das ich geben werde, ist mein Fleisch, das ich geben werde für das Leben der Welt. — Johannes 6,47–51*

Den Juden war die geistliche Bedeutung der Worte Jesu völlig entgangen. Sie dachten, er rede von Kannibalismus (Joh 6,52). Wenn es heute zu einem solchen Missverständnis käme, wären die meisten Prediger sehr darum bemüht, sich zu erklären und niemanden zu beleidigen. Jesus hingegen setzte sogar noch eins drauf, indem er sagte:

> *Wahrlich, wahrlich, ich sage euch: Wenn ihr nicht das Fleisch des Menschensohnes esst und sein Blut trinkt, so habt ihr kein Leben in euch. Wer mein Fleisch isst und mein Blut trinkt, der hat ewiges Leben, und ich werde ihn auferwecken am letzten Tag. Denn mein Fleisch ist wahrhaftig Speise, und mein Blut ist wahrhaftig Trank. Wer mein Fleisch isst und mein Blut trinkt, der bleibt in mir und ich in ihm. — Johannes 6,53–56*

Um dieses Szenario in die heutige Zeit zu übertragen, lass uns mal annehmen, zu einer meiner Gospel-Truth-Konferenzen wären 20.000 Besucher gekommen. Dann würde Gott mir sagen, ich solle etwas Unpopuläres predigen, etwas, das die Leute aussieben und die Menge auf diejenigen reduzieren würde, die wirklich mit Hingabe an ihn glauben. Und nehmen wir an, es fühlten sich tatsächlich viele der Anwesenden durch meine Predigt beleidigt, und 18.000 gingen deshalb. Mannomann, ich wäre Gesprächsthema Nummer eins in der Stadt! Die Leute würden sagen: »Habt ihr von Andrew Wommack gehört? Er hatte 20.000 Besucher in seinen Versammlungen, und er hat es komplett verbockt! Die Leute sind aufgestanden und rausgegangen; er hat alle beleidigt. Nur eine Handvoll ist übrig geblieben.« Die Leute würden sagen, ich sei ein Versager. Ich bin sicher, dass viele auch Jesus als Versager ansahen.

Sogar die Jünger Jesu begannen bei seinen Worten zu murren. »Ist euch das ein Ärgernis?«, fragte er sie (Joh 6,61). »Der Geist ist es, der lebendig macht, das Fleisch nützt gar nichts. Die Worte, die ich zu euch rede, sind Geist und sind Leben. Aber es sind etliche unter euch, die nicht glauben« (Joh 6,63–64). Jesus wusste, wie es in ihren Herzen aussah. Er wusste, dass viele ihm nur wegen dem folgten, was sie von ihm bekommen konnten. Sie folgten ihm wegen des Essens, der Wunder und des eigenen Ansehens. Also begann Jesus, eine Erwartung an seine Nachfolger zu stellen. Er sagte im Grunde: »Ihr müsst mir wegen mehr nachfolgen als nur um dessen willen, was ich für euch tun kann. Wenn ihr das Reich Gottes wirklich erfahren wollt, müsst ihr wirklich glauben.«

Was geschah als Nächstes?

Aus diesem Anlass zogen sich viele seiner Jünger zurück und gingen nicht mehr mit ihm. — Johannes 6,66

Wer ein Jünger Jesu sein und leben will, muss ihn – geistlich gesprochen – zu sich nehmen, muss seiner teilhaftig werden. Es gibt keinen anderen Weg zum Vater (Apg 4,12). Die Juden haben das nicht verstanden, und Jesus versuchte nicht, es ihnen zu erklären. Er räumte ihre Bedenken nicht aus dem Weg und korrigierte ihre falschen Vorstellungen nicht. Es ging ihm nicht darum, was sie von ihm dachten. Er war darauf bedacht, seinen Vater zu verherrlichen, nicht sich selbst. Jesus war ein treuer Zeuge. Er hielt sich treu an das, was der Vater zu sagen hatte, ob es sich nun für ihn günstig auswirkte oder nicht.

KAPITEL 16

Wahrer Erfolg

Nicht viele Christen – und nicht einmal solche, die im Dienst stehen – geben sich dem Willen Gottes vollständig hin. Die Leute sagen: »Ich bin bereit, Gott zu dienen, aber ich hoffe, er schickt mich nicht nach Afrika, um in einer Lehmhütte zu hausen!« Oder anders gesagt, sie sind bereit, Gott zu dienen, aber nur bis zu einem gewissen Grad. Demut kennt jedoch keine Grenzen des Gehorsams. Wahre Demut zielt darauf ab, Gott zu verherrlichen, auch wenn es so scheint, als könnte es mit persönlichen Nachteilen verbunden sein.

Aus meiner Sicht zeigte Jesus beim Weggang der Menschenmassen eine größere Demut – eine größere Abhängigkeit von Gott – als zu irgendeinem anderen Zeitpunkt seines irdischen Wirkens. Überleg mal: Er war erfolgreich. Das Volk liebte ihn. Es wollte ihn zum König machen. Viele glaubten, er sei der Messias (zumindest das, was sie sich unter dem Messias vorstellten). Doch als Jesus in Johannes 6 diese harte Botschaft predigte und viele weggingen, geriet er nicht ins Wanken. Er änderte seine Botschaft nicht und versuchte auch nicht, die Gunst der Leute zurückzugewinnen. Er vollbrachte kein weiteres Wunder.

Obwohl die Mehrheit Jesus in dieser Situation ansehen und sagen würde, er habe versagt, glaube ich, dass dies einer seiner größten Momente war – sogar größer als sein triumphaler Einzug in Jerusalem (Joh 12). Er ließ sich von der Ablehnung durch andere nicht beirren. Seine Liebe zum Vater und seine Hingabe an ihn änderten sich nicht. Er wandte sich sogar an die Zwölf und fragte: »Wollt ihr nicht auch weggehen?« Jesus war nicht von menschlicher Zustimmung abhängig. Er tat einfach weiter das, was sein Vater ihm auftrug, unabhängig von der Reaktion der Menschen.

Ich befinde mich gerade in einer Phase meines Lebens und meines Dienstes, in der Gott mich mit seinen Segnungen geradezu aus den Socken haut. Menschen sprechen auf das, was wir tun, wirklich an. Leben werden verändert. Es ist großartig! Aber die Zeiten, in denen Jamie und ich zu kämpfen hatten, sind noch gar nicht so lange her; damals habe ich Gott gedient, ohne einen sichtbaren Beweis dafür zu haben, dass das, was ich tat, tatsächlich etwas bewirkte. Ich bin also nicht von dem abhängig, was wir derzeit im Dienst erleben. Wenn die Menschen nicht mehr reagieren würden, wenn wir alles verlieren würden, käme ich trotzdem gut klar. Ich hätte schließlich immer noch meine Beziehung mit Gott.

Ich erinnere mich an eine Zeit, als mein Vorstand mir riet, den Dienst dichtzumachen. Sie sahen sich unsere Finanzen an, rechneten das Spendenaufkommen gegen unsere Schulden auf und sagten mir im Grunde, ich sei bankrott. »Wir müssen mit dem Dienst Schluss machen«, sagten sie. »Als gute Verwalter können wir nicht zulassen, dass das so weitergeht. Du steckst in Schwierigkeiten. Es funktioniert nicht. Du musst aus dem Dienst aussteigen.«

Um ehrlich zu sein, gab es einen Teil in mir, der regelrecht jubelte. Ich dachte: *Gott, ich kann meinen Lebensunterhalt wieder mit Betongießen verdienen. Ich muss mich nicht mehr darum kümmern, Rechnungen zu bezahlen, meine Partnerbasis zu erweitern oder die Erwartungen meiner Mitarbeiter zu erfüllen. Ich kann mich einfach auf die Beziehung zu dir konzentrieren. Ich kann mich auf die Beziehung zu Jamie und den Kindern konzentrieren. Das wird fantastisch!* Doch ich wusste, es war nicht Gottes Wille für mich, weshalb ich, anstatt diese Gedanken zu äußern, sagte: »Ich weiß, dass dies genau das ist, was Gott mir aufgetragen hat, also lasst uns darüber beten. Er hat die Antwort.«

Während wir beteten, klingelte das Telefon. Es war meine Mutter. Sie war gerade dabei, die an den Dienst gerichtete Briefpost zu öffnen, und sie rief an, um mir mitzuteilen, dass wir soeben eine Spende von 60.000 Dollar erhalten hatten. Eine Gemeinde, in der ich noch nie gedient hatte, schickte genügend Geld, um alle Schulden zu begleichen und die Ausgaben des Dienstes für den nächsten Monat zu decken!

Ich sagte: »Ich weiß, dass dies genau das ist, was Gott mir aufgetragen hat, also lasst uns darüber beten. Er hat die Antwort.«

Der Punkt ist, dass alles zu verlieren, mich nicht am Boden zerstört zurücklassen würde. Ich bin völlig hingegeben. Ich war schon einmal in einer solchen Situation und ich kann aufrichtig sagen, dass ich das alles hinter mir lassen könnte. Gott ist meine Quelle. Die Beziehung zu ihm ist das, was mich antreibt, und ich messe meinen Erfolg an dieser Beziehung.

Die meisten Menschen allerdings bewerten Erfolg anhand äußerer, natürlicher Dinge. Sie setzen Demut und das Befolgen von Gottes Willen nicht mit Erfolg gleich. Sie wollen wissen, wie viel Geld du hast, wie groß deine Gebäude sind und wie viele Menschen du erreichst. Die meisten würden alles tun, um diese Kriterien zu erfüllen und sich die Anerkennung anderer zu sichern.

Ich weiß von einem Mann, der vor ein paar Jahren die Idee zu einer »neuen Art« Gottesdienst hatte. Er wollte große Menschenmengen anziehen und möglichst niemanden verärgern. Also hielt er seine Predigten kurz und anschaulich und gestaltete den Musikteil konzertähnlich mit Nebelmaschine und Lichtshow. Das Gebet verlegte er in einen Nebenraum. Er war der Meinung, dass er die Menschen, wenn sie erst einmal durch die Türen gekommen waren, unter der Woche in Kleingruppen zu Jüngern machen konnte. Er nannte seine Idee »sucherfreundlich«, aber es war mehr ein Spektakel als ein Dienst. Versteh mich nicht falsch. Die Leute kamen. Es wurden Bücher geschrieben und Interviews gegeben. Er wurde als »Erfolg« bezeichnet. Tausende von Gemeinden im ganzen Land übernahmen sein Konzept. Aber ich habe gehört, dass es nach seiner eigenen Aussage nicht funktioniert hat. Der Dienst bot zwar für jeden Geschmack etwas, blieb dabei aber seicht. Jünger hat er jedenfalls nicht hervorgebracht.

Leider tappt die Mehrheit der Leiter eines Dienstes in diese Falle. Sie wollen respektiert werden. Sie wollen etwas bewirken. Also versuchen sie alles, um die Besucherzahlen in die Höhe zu treiben und die Spendeneinnahmen zu steigern. Sie fangen an, für sich selbst zu werben, und wenn die Zahlen zunehmen, tun sie alles, was nötig ist, um diesen Vorsprung zu halten und ihren Ruf zu bewahren. Sie hören auf, Gott korrekt darzustellen. Sie hören auf, die Wahrheit zu sagen.

Wenn jemand das Recht gehabt hätte, für sich selbst zu werben, dann Jesus. Doch Jesus war demütig. In Johannes 14,10 sagte er: »Glaubst du nicht, dass ich im Vater bin und der Vater in mir ist? Die Worte, die ich zu euch rede, rede ich nicht aus mir selbst; und der Vater, der in mir wohnt, der tut die Werke.« Jesus hat nie für sich selbst geworben. Er handelte nie unabhängig von seinem Vater, sondern sprach immer die Worte, die Gott ihm gab. Und wenn diese Worte ihm Beifall einbrachten, gab er Gott die Ehre.

Selbst als die Leute Jesus verließen, brachte ihn das nicht aus der Fassung. Er steckte nicht den Daumen in den Mund oder jammerte, dass alle ihn hassten und seine Gefühle verletzt hätten. Jesus wusste, was in ihren Herzen war. Er wusste, dass ihr Lob wankelmütig war, aber das war ihm egal. Er war nicht darauf aus, sich selbst zu verherrlichen. Er wollte seinen Vater verherrlichen, und wenn er die Freude seines Vaters wahrnahm, spielte es keine Rolle, wer ihn ablehnte. Jesus bezog seinen Selbstwert nicht aus der Zustimmung der Menschen. Ihr Weggang beunruhigte ihn nicht. Er wollte eine Hingabe, die echt war und von Herzen kam. Die meisten Kirchen haben solche Ansprüche nicht.

Ich bekam einmal mit, wie ein Mann versuchte, eine Frau durch das Übergabegebet zu führen. Als er zu dem Teil kam, in dem sie bekennen sollte, dass Jesus von den Toten auferstanden ist, hielt sie inne und sagte: »Das kann ich nicht sagen.«

»Warum nicht?«, fragte er.

»Weil ich nicht glaube, dass Jesus von den Toten auferstanden ist. Ich glaube nicht, dass er lebt.«

Und der Mann sagte: »Nun, beten Sie es trotzdem. Es spielt keine Rolle, ob Sie es glauben.«

Ich musste dazwischen gehen. »Es spielt sehr wohl eine Rolle«, sagte ich. »Im Römerbrief steht, dass man mit dem Mund den Herrn Jesus bekennen und in seinem Herzen glauben soll, dass Gott ihn von den Toten auferweckt hat. Das muss ein Mensch tun, bevor er gerettet werden kann« (Röm 10,9).

In einigen Kirchen, die ich besuche, werden Masseneinladungen ausgesprochen. Diejenigen, die ihr Leben Christus übergeben wollen, werden eingeladen, zum Altar zu kommen. Dann wird hinzugefügt: »Wenn du deinem Bekenntnis nicht mehr folgst und vom Herrn abgefallen bist, komm nach vorne und weihe ihm dein Leben ganz neu.« Und so geht es weiter: »Wenn du kämpfst mit … wenn du Kaugummi kaust … wenn du atmest …, dann komm nach vorne.« Menschen, die Gott dreißig Jahre lang gedient haben, folgen der Aufforderung und werden in die Zahl der Neubekehrten eingereiht. Das hat nichts mit Redlichkeit zu tun; da geht es nur um Köpfe. Das ist so, als würde man losziehen, um Zeugnis zu geben, und mit einem Haufen Skalps am Gürtel zurückkehren und verkünden: »Ich habe all diese Menschen zum Herrn geführt!« Wir müssen Gott korrekt darstellen und den Menschen aus einem reinen Herzen heraus dienen und dürfen nicht unser eigenes Reich errichten oder unsere Statistiken verbessern wollen.

Bevor der Herr mein Leben berührte, habe ich das auch so gemacht. Ich ging jeden Dienstag und Donnerstag von Tür zu Tür, um Zeugnis zu geben, und jede Woche stand ich dann vor der Gemeinde und meldete die Zahl der Menschen, die ich zum Herrn geführt hatte. Ich tat das nicht, weil ich Gott liebte oder weil ich die Menschen liebte. Ich versuchte, Gottes Wohlwollen zu erlangen. Ich war auf die Anerkennung der Menschen angewiesen, um mein Selbstwertgefühl zu steigern. Als ich mich dem Herrn schließlich ganz zuwandte, hörte ich auf, die Zahlen im Auge zu behalten. Es ging nicht mehr um mich. Ich wollte, dass die Menschen von dem Gott erfuhren, den ich liebte. Ich wollte, dass sie seine Liebe und sein Heil zu *ihrem* Nutzen erfahren.

In Jesaja 48,11 heißt es: »Um meinetwillen, um meinetwillen will ich es vollbringen! Denn wie würde ich sonst gelästert! Und ich will meine Ehre keinem anderen geben.« Wie schon gesagt, wird Gott seine Ehre nicht mit anderen teilen. Er wird nicht zulassen, dass sein Name verunreinigt wird. Gott liebt uns (Röm 5,5). Er hat einen jeden von uns dazu berufen, »die Herrlichkeit unseres Herrn Jesus Christus zu erlangen« (2Thess 2,14). Er hat uns den Heiligen Geist gegeben und uns mit derselben Vollmacht ausgestattet, die Jesus als sein Sohn hatte. Aber er hat diese Dinge nicht getan, um uns zu verherrlichen. Er verherrlicht seinen Sohn (Joh 17,1).

Vor langer Zeit sagte mir der Herr, dass es ihm nicht darum gehe, mich groß rauszubringen. Solange ich Menschen auf Jesus hinwiese und seinen Namen bekannt machte – das Wort weitergäbe und die Wahrheit spräche, die die Menschen frei mache –, werde Gott mich voranbringen und den Dienst ausweiten, damit wir noch mehr Menschen erreichen könnten. Das Ziel bestehe nicht darin, mir Ruhm einzubringen, sondern Jesus zu verherrlichen.

Viele fragen sich, warum Gott ihnen nicht die Türen zum Erfolg öffnet, und im Vorgenannten liegt auch oft schon der Grund. Ihr Ziel ist es nicht, Jesus bekannt zu machen; sie wollen nur sich selbst Ruhm verschaffen. Gott weiß das. Er kennt die Versuchung, der wir ausgesetzt sind, uns Anerkennung zu verschaffen, uns selbst zu vermarkten und unsere Eigeninteressen bestmöglich zu wahren. Solange wir nicht lernen, uns in Demut zu üben, wird er uns nicht in Führungspositionen bringen. Das würde uns zerstören. Es würde die Menschen um uns herum verletzen. Wir wären nicht in der Lage, der Versuchung des Stolzes zu widerstehen – und Gott liebt uns zu sehr, um das zuzulassen.

Viele fragen sich, warum Gott ihnen nicht die Türen zum Erfolg öffnet, und im Vorgenannten liegt auch oft schon der Grund. Ihr Ziel ist es nicht, Jesus bekannt zu machen; sie wollen nur sich selbst Ruhm verschaffen.

KAPITEL 17

Gottes Wahl

Um es noch einmal zusammenzufassen: Demut ist Gottabhängigkeit. Wahre Demut verlässt sich nicht auf den eigenen Verstand (Spr 3,5), sondern glaubt und gehorcht dem Wort Gottes. Sie macht nicht erst ihr eigenes Ding und betet dann, um den Folgen von Fehlentscheidungen zu entkommen. Demut wendet sich zuerst an Gott. In Psalm 10,4 (KJV) heißt es: »Der Gottlose wird wegen seiner stolzen Haltung nicht nach Gott suchen: Gott ist nicht in allen seinen Gedanken.« Ein stolzer Mensch wird Gott nicht suchen. Er wird sich nicht um Gottes Wege oder Gedanken scheren, es sei denn, diese Wege sind der Verwirklichung seiner eigenen Wünsche förderlich.

Stolz, oder Unabhängigkeit von Gott, war Satans Anfangssünde. Satan weigerte sich, die Dinge auf Gottes Art und Weise zu tun, und er versuchte, sich Gottes Ruhm anzueignen. Wahre Demut gibt Gott die Ehre. Sie wirbt nicht für sich selbst. Sie giert nicht nach Aufmerksamkeit und sorgt sich nicht darum, was andere denken könnten. Sie spricht die Wahrheit und ist immun gegen menschliche Zurückweisung und Kritik. Wie Mose sagt die Demut: »Herr, wenn du nicht mit mir gehst, werde ich mich nicht vom Fleck rühren. Ohne dich kann ich nichts tun!« (s. 2Mo 33,15).

Gott erwählt die Demütigen. Er sucht sich diejenigen aus, die sich auf ihn verlassen, die wissen, dass sie ohne ihn nichts sind. Menschen, die denken: *Ich schaffe das schon. Gott, wenn du die Einleitung übernimmst, schaffe ich den Rest auch allein*, sind stolz. Der Apostel Paulus sagte:

Seht doch, Brüder und Schwestern, auf eure Berufung. Nicht viele Weise nach dem Fleisch, nicht viele Mächtige, nicht viele Vornehme sind berufen. Sondern was töricht ist vor der Welt, das hat Gott erwählt, damit er die Weisen zuschanden mache; und was schwach ist vor der Welt, das hat Gott erwählt, damit er zuschanden mache, was stark ist; und was gering ist vor der Welt und was verachtet ist, das hat Gott erwählt, was nichts ist, damit er zunichtemache, was etwas ist, auf dass sich kein Mensch vor Gott rühme.
— 1. Korinther 1,26–29 LUT

Wir müssen erkennen, dass wir ohne Gott nichts ausrichten können (Joh 15,5), gleichzeitig müssen wir uns jedoch bewusst sein, dass wir niemals ohne Gott sind (Hebr 13,5). Religion lehrt, wir müssen jede gute Sache verleugnen, über die wir verfügen oder die wir erreicht haben, aber das ist falsche Demut. Wahre Demut erkennt das Gute an und weiß, wem sie es zu verdanken hat.

Gott erwählt die Demütigen. Er sucht sich diejenigen aus, die sich auf ihn verlassen, die wissen, dass sie ohne ihn nichts sind.

Es ist keine Demut, die Wahrheit zu leugnen. Jesus sagte: »Ich aber kenne ihn [gemeint ist sein Vater]. Und wenn ich sagen würde: Ich kenne ihn nicht!, so wäre ich ein Lügner, gleich wie ihr. Aber ich kenne ihn und halte sein Wort (Joh 8,55). Es ist nichts verkehrt daran, die guten Dinge, die Gott dir gegeben hat, anzuerkennen. Wenn sich das Leben eines Menschen durch deinen Dienst verändert hat, wenn du geschäftlich erfolgreich bist oder

Kinder großgezogen hast, die Gott lieben, wenn du deinen Arbeitgeber mit deiner guten Arbeit segnen konntest – dann ist es nicht falsch, das auch zu würdigen. Bleib dabei einfach demütig. Demut verherrlicht Gott in allen Dingen, ohne das Gute zu leugnen, das er durch dich getan hat.

Wenn zum Beispiel eine Person einen Leichtathletikwettkampf gewonnen hätte, wäre es falsch von ihr zu sagen: »Ach, ich hab doch gar nichts getan«, wenn man ihr zu ihrem Sieg gratulieren wollte. Wenn sie den Leichtathletikwettkampf gewonnen hat, dann hat sie ihn nun mal gewonnen. Es ist nichts Falsches daran, dies anzuerkennen, solange diese Person auch Gott würdigt, der ihr das Talent und die Gesundheit für diesen Wettkampf gegeben hat.

Ein demütiger Mensch ist frei von Unsicherheit. Man kann ihn kaum beleidigen. Es ist schwer, jemandem zu drohen, der nicht versucht, sein eigenes Reich aufzubauen. So jemandem ist es egal, was andere über ihn sagen oder ihm wegzunehmen androhen. Er weiß, dass ihm niemand seine Beziehung zu Gott nehmen oder dessen Wort außer Kraft setzen kann, und nichts anderes ist für ihn wichtig. Gott kann solche Menschen gebrauchen.

Josua, Moses Gehilfe, wurde nach Moses Tod mit der Führung der israelitischen Gemeinschaft betraut. Mose war in der Gemeinschaft geachtet. Gott hatte ihn benutzt, um die Israeliten aus der Sklaverei in Ägypten zu befreien. Mose hatte das Volk durch das Rote Meer geführt. Er hatte es durch die Wüste geführt und Wasser aus einem Felsen hervorgebracht. Er hatte mit Gott von Angesicht zu Angesicht gesprochen, dem Volk das Gesetz gegeben und Aufstände innerhalb der Gemeinschaft niedergeschlagen. Es war schwer, die Nachfolge von Mose anzutreten! Aber Josua hatte sich als treuer Zeuge erwiesen. Vierzig Jahre lang hatte er Mose gedient. Er hatte seine Position als gottgegeben akzeptiert und nicht versucht, die Autorität an sich zu reißen. Er war bescheiden, und in Josua 1 sagte der Herr zu ihm:

> *»Mein Knecht Mose ist gestorben; so mache dich nun auf, ziehe über den Jordan dort, du und dieses ganze Volk, in das Land, das ich ihnen gebe, den Kindern Israels! Jeden Ort, auf den eure Fußsohlen treten, habe ich euch gegeben, wie ich es Mose verheißen habe. … Niemand soll vor dir bestehen dein Leben lang!* ***Wie ich mit Mose gewesen bin, so will ich auch mit dir sein****; ich will dich nicht aufgeben und dich nicht verlassen.« — Josua 1,2–3.5*

Gott erhöht die Demütigen. Als Josua die Führung Israels übernahm, sagte der Herr zu Josua, dass dieser das Volk anführen werde, um das Land zu erobern, das er, Gott, ihnen versprochen hatte. Gott sicherte Josua zu, dass er mit ihm sein werde, so wie er mit Mose gewesen war. Später, in Josua 3,7, sagte der Herr: »Heute will ich anfangen, dich vor ganz Israel groß zu machen, damit sie wissen, dass ich mit dir sein werde, wie ich mit Mose gewesen bin.« Weil Josua demütig war, verlieh Gott ihm so viel Größe, dass das Volk seine Führungsqualitäten erkannte und respektierte.

Es gab eine Zeit in meinem Leben, da dachte ich, es sei falsch, eine Person zu ehren. Ich dachte, alle Ehre müsse direkt an Gott gehen.

Vor vielen Jahren waren Jamie und ich zu einem Gottesdienst zu Ehren eines Freundes eingeladen, der sein vierzigjähriges Dienstjubiläum feierte. Ich wurde gebeten, ein paar Worte vorzubereiten, aber ich wusste nicht so recht, was ich sagen sollte. Ich wollte Gott nicht entehren, indem ich eine Person ehrte. Dann erinnerte mich der Herr an den letzten Teil von 1. Samuel 2,30. Dort heißt es: »Wer mich ehrt, den will ich wieder ehren; wer mich aber verachtet, der soll auch verachtet werden!« Ich erkannte, dass es völlig in Ordnung war, jemanden zu ehren, der den Herrn geehrt hatte.

Im Grunde ist es das, was Gott zu Josua sagte, als er ankündigte, er wolle Josua vor den Augen ganz Israels groß machen. Gott ehrte Josua, weil dieser ihn geehrt hatte, indem er Mose diente. Weißt du noch, was in Jakobus 4,10 steht? »Demütigt euch vor dem Herrn, so wird er euch erhöhen.« Es ist ein Gesetz des Reiches Gottes: Wenn du dich demütigst, wenn du ein Diener wirst, dann erhöht Gott dich. Er befördert dich.

Ich erkannte, dass es völlig in Ordnung war, jemanden zu ehren, der den Herrn geehrt hatte.

Als der Herr zu Josua sagte, dass er ihn großmachen wolle, wäre es von Josua stolz gewesen, darauf mit einem »O nein, Gott. Ich will keine Ehre, alle Ehre gebührt dir. Ich werde nicht zulassen, dass du mich würdigst« zu reagieren. Es wäre hochmütig gewesen, mit Gott zu streiten und sich zu weigern, die Verantwortung und Ehre anzunehmen, die mit einer von Gott gegebenen Führungsposition verbunden sind.

Im Jahr 2002 sprach der Herr zu meinem Herzen und sagte mir, es sei an der Zeit, den Dienst zu erweitern. Wir hatten einen Scheidepunkt erreicht. Wir konnten entweder in neues Gebiet vorstoßen oder in der Bedeutungslosigkeit versinken – ich hatte die Wahl. (Die ganze Geschichte ist in meinem Buch *Begrenze Gott nicht* nachzulesen.) Der Herr tadelte mich nicht für das durch den Dienst bisher Erreichte. Er ließ mich einfach nur wissen, dass er noch mehr tun wollte und dass ich ihn durch mein zu kleines

Denken einschränkte (Ps 78,41 KJV). Ich erlaubte ihm nicht, mich weiterzubringen.

Etwa zur gleichen Zeit wurde ich als Gast zu einer Radiosendung in Tulsa, Oklahoma, eingeladen. Len und Cathy Mink wollten mich für den Sender KNYD interviewen. Ich hatte Len und Cathy noch nie persönliche getroffen, aber sie waren mir schon seit Jahrzehnten bekannt. Len war bei Kenneth Copeland Leiter des Lobpreis- und Anbetungsdienstes, und die Minks waren (zumindest nach meiner Einschätzung) sehr einflussreich. Ich war ein wenig eingeschüchtert, als ich zu diesem Interview ging, doch als sie mich dann vorstellten, war ich völlig baff. Len begann zu erzählen, wie er mich Jahre zuvor zum ersten Mal im Radio gehört hatte und wie der Herr durch meinen Dienst Einfluss auf sein Leben genommen hatte. Die Vorstellung, dass Gott mich benutzt hatte, um einen Mann wie Len Mink zu berühren, war überwältigend.

Nach dem Gespräch gingen wir essen. Als wir zusammensaßen, begann ich davon zu reden, wie erstaunt ich war, dass Gott durch mich sein Leben berührt hatte. Len sah mich an und sagte: »Du bist schon seit Jahrzehnten im Radio. Du hast Menschen überall in den Vereinigten Staaten gedient. Warum sollte es dich schockieren, dass Gott dich gebraucht hat, um mir zu dienen?« Was er sagte, machte Sinn; ich hatte mir nur nie erlaubt, so zu denken. Ich hatte es nicht zugelassen, dass Gott mich ehrt. Es ist nämlich so, dass es mir von Natur aus leichter fällt, im Hintergrund zu bleiben – nicht auf der Bühne zu stehen –, aber Gott hat mich zu Dingen berufen, die über meine Fähigkeiten hinausgehen, Dinge, die Demut erfordern.

Als Josua die Kinder Israels in die Schlacht um Jericho führte (Jos 6), befahl er dem Volk, keine Beutestücke an sich zu nehmen, sondern diese dem Herrn als Erstlingsgabe zu weihen. Das Volk stimmte zu, aber Achan behielt heimlich ein Kleidungsstück und einen Teil des Goldes und Silbers für sich (Jos 7). Er versteckte diese Gegenstände in seinem Zelt. Als die Israeliten dann in die nächste Schlacht bei Ai zogen, verloren sie. Es ergab keinen Sinn. Ai war eine winzige Stadt; sie hätte leicht zu erobern sein müssen. Stattdessen töteten die Krieger von Ai sechsunddreißig von Israels Kämpfern und schlugen den Rest des Heeres in die Flucht.

Als Josua hörte, was passiert war, warf er sich vor dem Herrn auf den Boden. »Steh auf«, sagte Gott zu Josua. »Warum liegst du vor mir auf dem Gesicht? Israel hat sich gegen mich versündigt. Sie haben gestohlen, was mir gehört, und es zu ihren eigenen Sachen gelegt. Du bist der Anführer, Josua. Kümmere dich jetzt darum, sonst kann ich dich nicht dazu gebrauchen, dieses Volk in das verheißene Land zu führen« (s. Jos 7,10–12).

Gott wählt Führungspersonen aus, die sich demütigen und tun, was richtig ist. Er bringt solche Leute in Leitungspositionen, die sich auf ihn verlassen. Als Josua erfuhr, was Achan getan hatte, ging er zu Achan und sagte: »Mein Sohn, gib dem Herrn, dem Gott Israels, die Ehre und lobe ihn. Sage mir, was du getan hast. Verheimliche mir nichts« (Jos 7,19 NLB). Mit anderen Worten: Josua forderte Achan auf, die Wahrheit zu sagen. Die Wahrheit zu sagen, verherrlicht Gott. Josua machte sich keine Gedanken darüber, wie Achan reagieren würde; er gehorchte einfach Gott. Josua war es wichtiger, Gott zu ehren, als Achan gegenüber Zugeständnisse zu machen – und wer den Herrn ehrt, den wird auch Gott ehren (1Sam 2,30).

KAPITEL 18

Demut beweist Dankbarkeit

Vielleicht denkst du jetzt: *Okay, Andrew. Ich hab's kapiert. Lass uns zum nächsten Punkt kommen.* Aber die Dinge, die Gottes Wort über Demut sagt, müssen mitgeteilt werden. In Römer 10,17 heißt es: »Demnach kommt der Glaube aus der Verkündigung, die Verkündigung aber durch Gottes Wort.« Mit anderen Worten: Der Glaube kommt, wenn wir das Wort Gottes hören – und es immer wieder hören. Wir lernen durch Wiederholung. Und da in unserer Kultur oder auch in unseren Kirchen selten über Demut gesprochen wird, müssen wir immer wieder davon hören.

Ich habe einmal eine Geschichte über einen Prediger gehört, der sich um eine Stelle als Pastor einer kleinen Ortsgemeinde bewarb. Als Teil des Bewerbungsverfahrens musste er vor dieser Gemeinde eine Predigt halten. Er lehrte über Johannes 3,16. Alle fanden den Gottesdienst großartig und so wählte man ihn als Pastor. An seinem ersten Sonntag als Pastor der Gemeinde predigte er die gleiche Botschaft – Johannes 3,16. Die Leute fanden es seltsam, dass er vergessen zu haben schien, was er ihnen zuvor gepredigt hatte, aber niemand sagte etwas. In der nächsten Woche predigte er wieder aus Johannes 3,16. Die Leute fingen an, sich untereinander zu beschweren. Sie sagten: »Wenn er das noch einmal macht, müssen wir etwas sagen.« Als der Pastor die gleiche Botschaft ein viertes Mal predigte, entschieden die Leute, dass es ihnen jetzt reichte. Sie gingen zu den Ältesten der Gemeinde und sagten: »Ihr müsst mit dem Pastor reden. Sicherlich wird er außer Johannes 3,16 noch andere Bibelstellen kennen.«

Der Glaube kommt, wenn wir das Wort Gottes hören – und es immer wieder hören.

Also gingen die Ältesten zum Pastor. »Pastor«, sagten sie, »du hast jetzt zum vierten Mal hier gepredigt, und jede einzelne Predigt bestand aus exakt demselben Thema. Wir haben genug von Johannes 3,16. Fällt dir denn nichts anderes ein?«

Der Pastor antwortete: »Sobald ihr anfangt, Johannes 3,16 in eurem Leben umzusetzen, werde ich etwas anderes predigen.«

Dieser Pastor war sehr weise. Wenn wir bei einer Wahrheit aus dem Wort Gottes bleiben würden, bis wir sie wirklich verstanden hätten und anfingen, sie anzuwenden, dann würde sich unser Leben garantiert verändern. Leider gieren die meisten Menschen nur nach Wissen. Sie sind nicht so sehr daran interessiert, dieses Wissen in die Tat umzusetzen. Deshalb verbringe ich so viel Zeit damit, Demut zu erläutern. Gott hat uns den Weg gezeigt; wir müssen ihn nur gehen (Micha 6,8).

Ein weiteres Merkmal der Demut ist die Dankbarkeit. Schau dir diesen Abschnitt aus dem Lukasevangelium an:

> *Und es geschah, als er nach Jerusalem reiste, dass er durch das Grenzgebiet zwischen Samaria und Galiläa zog. Und bei seiner Ankunft in einem Dorf begegneten ihm zehn aussätzige Männer, die von ferne stehen blieben. Und sie erhoben ihre Stimme und sprachen: Jesus, Meister, erbarme dich über uns! Und als er sie sah, sprach er zu ihnen: Geht*

hin und zeigt euch den Priestern! Und es geschah, während sie hingingen, wurden sie rein. Einer aber von ihnen kehrte wieder um, als er sah, dass er geheilt worden war, und pries Gott mit lauter Stimme, warf sich auf sein Angesicht zu [Jesu] Füßen und dankte ihm; und das war ein Samariter. Da antwortete Jesus und sprach: Sind nicht zehn rein geworden? Wo sind aber die neun? Hat sich sonst keiner gefunden, der umgekehrt wäre, um Gott die Ehre zu geben, als nur dieser Fremdling? Und er sprach zu ihm: Steh auf und geh hin; dein Glaube hat dich gerettet! — Lukas 17,11–19

In dieser Geschichte wird davon berichtet, wie Jesus die zehn Aussätzigen heilte. Nach der Schilderung des Lukasevangeliums fand dieses Ereignis auf dem Weg nach Jerusalem statt, wohin Jesus wahrscheinlich anlässlich des Passahfestes unterwegs war. In einem bestimmten Dorf an der Grenze zwischen Samarien und Galiläa traf Jesus auf eine Gruppe Aussätziger. Die meisten Menschen in der Gruppe waren wahrscheinlich Juden, aber Lukas bezeichnet zumindest einen von ihnen als Samariter (Lk 17,16).

Das ist interessant, weil Juden normalerweise nicht mit Samaritern verkehrten. Ich bin mir sicher, dass ihre gemeinsamen Lebensumstände diese sonst üblichen kulturellen Trennungen aufhoben, zumindest solange sie von Aussatz befallen waren. Doch nun pass auf, was geschah. Als Jesus die Rufe der Aussätzigen nach Barmherzigkeit hörte, befahl er ihnen, sich den Priestern zu zeigen. »Und es geschah, **während sie hingingen**, wurden sie rein« (Lk 17,14). Demütig, wie sie durch ihren Zustand waren, glaubten die Aussätzigen den Worten Jesu. Und »während sie hingingen«, um sich dem Priester zu zeigen – oder als sie den Worten Jesu gehorchten –, wurden sie geheilt.

Aber was ist mit dem Samariter? Die Samariter gehörten nicht zum Bundesvolk Gottes. Sie konnten sich nicht auf Gottes Verheißungen verlassen. Sie konnten nicht im Tempel anbeten oder Opfer darbringen. Sie waren Außenseiter und wurden geschmäht. Wie konnte dieser Mann den Worten Jesu gehorchen? Doch dieser Mann »kehrte wieder um, als er sah, dass er geheilt worden war, und pries Gott mit lauter Stimme … und dankte ihm« (Lk 17,15–16).

Jesus sagte zu ihm: »Sind nicht zehn rein geworden? Wo sind aber die neun? Hat sich sonst keiner gefunden, der umgekehrt wäre, um Gott die Ehre zu geben, als nur dieser Fremdling?« (Lk 17,17–18). Vielleicht kehrte der Samariter zu Jesus zurück, weil er nicht zu den Tempelpriestern gehen konnte. Vielleicht erkannte er Jesus als *den* Hohenpriester (Hebr 6,20), und anstatt ihm Tieropfer darzubringen, brachte der ehemals Leprakranke Jesus ein Dankopfer dar (Hebr 13,15). Wie auch immer, mit seiner Danksagung gab dieser Samariter Gott die Ehre (Ps 50,23). Und genau das tut ein demütiger Mensch.

Es fällt mir schwer, die neun Aussätzigen zu verstehen, die sich nicht dankbar zeigten. Wenn Jamie und ich uns eine kleine Auszeit gönnen, verbringen wir sie oft zu Hause und genießen in aller Stille unsere Beziehung zu Gott und zueinander. Oft gehe ich einfach auf meinem Grundstück spazieren und danke Gott für die Abgeschiedenheit und für den schönen Tag. Und sobald ich anfange, über all das nachzudenken, was Gott getan hat, bin ich von Dankbarkeit überwältigt. Das macht mich demütig.

Mir ist bewusst, dass Gott nicht von seinem Thron fällt, wenn die Menschen ihn nicht als den anerkennen, der er ist. Ich weiß, dass er nicht in Depressionen verfällt, wenn die Menschen ihm nicht für seine Fürsorge danken, aber es segnet Gott, wenn wir ihm danken. Wie der Psalmist sagt, wohnt Gott unter dem Lobpreis seines Volkes (Ps 22,4). Psalm 100,4 fordert uns auf: »Geht ein zu seinen Toren mit Danken, zu seinen Vorhöfen mit Loben; dankt ihm, preist seinen Namen!« Und Paulus ermahnt uns: »Freut euch im Herrn allezeit; abermals sage ich: Freut euch!« (Phil 4,4). Der Lobpreis gehört Gott, und als sein Volk sollten wir dankbar sein (Ps 29,2).

Während der zweiten Bauphase des Charis-Gebäudeprojekts in Woodland Park ging uns das Geld aus und ich musste die Bauarbeiten vorübergehend einstellen. Ich erinnere mich, wie ich in dieser Zeit durch das noch nicht fertiggestellte Auditorium ging, Gott dankte und ihn für das, was bereits abgeschlossen war, pries. Ich war nicht entmutigt. Ich wusste, dass das Projekt zu Ende gebracht würde, und so dankte ich Gott für die Nutzung von *The Barn*. Ich dankte ihm für ein Bauteam, das bereit war, trotz unseres unkalkulierbaren Zeitplans mit uns zusammenzuarbeiten. Ich dankte ihm für meine Partner und für all das Geld, das unsere normalen Ausgaben überschießend eingegangen war und dem Dienst den Bau bis zu dem Punkt ermöglicht hatte. (Wir brauchen jeden Monat Millionen von Dollar, um unseren Dienst am Laufen zu halten. Und zu jenem Zeitpunkt hatten wir schon etwa 50 Millionen Dollar für das Charis-Projekt ausgegeben, zusätzlich zu den regulären monatlichen Ausgaben.)

Ich kann aufrichtig sagen, dass mein Glaube wuchs, während ich umherging und Gott für das dankte, was wir bereits hatten. Ich erinnerte mich an all die Male, in denen Gott sich als treu zu seinem Wort erwiesen hatte (1Thess 5,24), und ich wusste, dass er es wieder tun würde. Ich hatte nicht den leisesten Zweifel daran – nicht den geringsten Vorbehalt –, dass ich genau das tat, wozu er mich berufen hatte (Eph 2,10). Ich war zuversichtlich, dass er das, was er begonnen hatte, auch vollenden würde (Phil 1,6). Das ist es, was Danksagung bewirkt – sie lässt uns im Glauben wachsen (Kol 2,7).

Wenn du dankbar bist, wenn du Gott die Ehre gibst, rückst du Gott damit an seinen rechtmäßigen Platz als Quelle deines Lebens. Dadurch entfernst du dich aus dem Fadenkreuz des Teufels und überträgst die Verantwortung für die Lösung deiner Probleme dorthin, wo sie hingehört – zu Gott. Wenn dann der Teufel mit seinen Anklagen kommt und sagt: »Was lässt dich denken, dass du dazu in der Lage bist?«, kannst du sagen: »Nicht ich tue es. Gott lässt diese guten Dinge geschehen. Er ist die Quelle, und du kannst ihn nicht aufhalten!« Wenn du aber kein dankbarer Mensch bist – wenn du Gott oder anderen keine Anerkennung zollst, wenn du fordernd bist und denkst, man »schulde« dir Respekt oder Dankbarkeit –, dann ist das ein Zeichen von Stolz. Du bist vielleicht nicht arrogant und hältst dich auch nicht unbedingt für besser als andere, aber du bist dann selbstbezogen. Du betrachtest Gott nicht als deine Quelle. Du erkennst nicht an, welchen Beitrag andere in deinem Leben leisten, und deshalb musst du dich demütigen.

Wenn du dankbar bist, wenn du Gott die Ehre gibst, rückst du Gott damit an seinen rechtmäßigen Platz als Quelle deines Lebens.

Ich weiß noch, wie ich für eine Frau betete, die durch ihre Arthritis stark verkrüppelt war. Sie litt unter vielen Komplikationen, die mit der Arthritis zusammenhingen, und ihre Ärzte rechneten nicht damit, dass sie die Woche überleben würde. Sie krümmte sich vor Schmerzen. Ihre Gelenke waren knotig. Seit fast acht Jahren hatte sie keine feste Nahrung mehr zu sich genommen. Doch als ich für sie betete, wurde sie augenblicklich geheilt. Sie stand von ihrer Liege auf und begann hin und her zu laufen. Innerhalb einer Woche waren ihre Hände völlig normal und alle anderen Symptome der Arthritis waren verschwunden. Aber wie es Jesus mit den Aussätzigen erging, habe auch ich diese Frau nie wieder gesehen. Sie kam nie zu einer meiner Zusammenkünfte. Sie hat nie an den Dienst geschrieben oder angerufen, um sich zu bedanken. Und obwohl ihre ausgebliebene Reaktion mich nicht entmutigte, für andere zu beten, wäre es richtig von ihr gewesen, innezuhalten und sich zu bedanken.

Traurigerweise verhalten sich viele Menschen auch dem Herrn gegenüber so. Sie mögen sich in einer Lage befinden, in der es um Leben und Tod geht, aber wenn Gott sie daraus rettet, gehen sie gleich wieder zur Tagesordnung über. Sie halten nicht inne, um ihm zu danken. Sie erzählen anderen nicht von seiner Treue. Nichts ändert sich. Das ist Stolz.

Der Hebräerbrief gibt uns wertvolle Hinweise zum Thema Danksagung:

> *Senkt eure Wurzeln tief in seinen Boden und schöpft aus ihm, dann werdet ihr im Glauben wachsen und in der Wahrheit, in der ihr unterwiesen wurdet, standfest werden. Und dann wird euer Leben überfließen von Dankbarkeit für alles, was er getan hat. — Hebräer 13,15–16* NLB

Wir segnen den Herrn, wenn wir dankbar sind. Wenn wir aber nur an uns selbst denken – wenn wir nicht dankbar sind für das, was Gott getan hat, oder für die Menschen, die er in unser Leben geführt hat, um uns zu unterstützen und zu ermutigen –, dann sind wir stolz. Wir sind selbstsüchtig und egozentrisch.

Jesus sagte, es liege mehr Glück im Geben als im Nehmen (Apg 20,35 NLB), aber ein stolzer Mensch ist nur aufs Nehmen bedacht. Er denkt nur an seine eigenen Bedürfnisse. Wer dankt schon seinem Chef, wenn er sein Gehalt bekommt? Jeder denkt doch: *Das habe ich mir verdient.* Ich hingegen bin jedes Mal dankbar, wenn Jamie und ich unser Geld bekommen. Ich erinnere mich an Zeiten, als wir so arm waren, dass wir nicht einmal ein Hungertuch hatten, an dem wir hätten nagen können. In den Anfängen unseres Dienstes sind wir fast verhungert. Als Jamie im achten Monat schwanger war, hatten wir wochenlang so gut wie nichts zu essen. Ich vergesse diese Zeiten nicht. Neulich war Jamie nicht da und ich musste mir selbst etwas zum Abendessen machen. Ich schob eine Hühnerpastete in die Mikrowelle und dachte an die Tage, als wir uns so etwas nicht leisten konnten. Ich dankte Gott für seine Segnungen. Ich dankte Gott, dass ich in ein Restaurant oder in den Laden gehen und alles kaufen konnte, was ich wollte. Das ist Demut.

Es ist gut, Dankbarkeit zu einer Gewohnheit werden zu lassen, sei es, dass man für sein Essen betet oder einfach nur freundlich mit dem Ladenpersonal umgeht.

Es ist gut, Dankbarkeit zu einer Gewohnheit werden zu lassen, sei es, dass man für sein Essen betet oder beim Einkaufen einfach nur freundlich mit dem Ladenpersonal umgeht. Nun glaube ich nicht, dass wir für unser Essen danken *müssen.* Ich glaube nicht, dass jemand in die Hölle kommt, wenn er nicht dankbar ist. Aber Dankbarkeit ist ein Zeichen aufrichtiger Demut.

KAPITEL 19

Demut verherrlicht Gott

Die zweite Hälfte von Römer 1 ist eine der ausführlichsten Studien in der Bibel über die Folgen des Stolzes (Röm 1,18–32). Dort wird erklärt, was mit dem Herzen eines Menschen geschieht, der sich weigert, sich zu demütigen. Genau in der Mitte des Kapitels wird alles zusammengefasst und gesagt:

> *Denn obwohl sie von Gott wussten, haben sie ihn nicht als Gott gepriesen noch ihm gedankt, sondern sind dem Nichtigen verfallen in ihren Gedanken, und ihr unverständiges Herz ist verfinstert. — Römer 1,21 LUT*

Wenn wir nicht demütig sind, wenn wir Gott nicht verherrlichen und uns nicht in Dankbarkeit üben, sind wir töricht. Wir erlauben dem Stolz, sich tief in unser Herz einzuwurzeln, bis unser Denken so verdreht ist, dass wir das Gute nicht mehr erkennen können. Wir fangen an, uns immer weiter von Gott zu entfernen, bis wir jede Überzeugung verlieren und ihn schließlich ganz verwerfen. Darum geht es im Rest dieses Abschnitts im Römerbrief, und alles beginnt damit, dass wir Gott nicht preisen und ihm nicht danken.

Das griechische Wort für »gepriesen« in Römer 1,21 bedeutet laut *Strong's Concordance* »als herrlich erachten bzw. verherrlichen«. Etwas als herrlich zu erachten oder es zu preisen bedeutet, man misst diesem Etwas einen hohen Wert bei und schätzt es.

Paulus verwendet dasselbe griechische Wort in Römer 11,13 (LUT), wo er sagt: »*Weil ich Apostel der Heiden bin, preise ich meinen Dienst.*« Oder anders ausgedrückt: Demut verherrlicht oder preist Gott – sie misst ihm einen hohen Wert bei.

Schauen wir uns Paulus' Aussage in Römer 11,13 noch einmal in der *Schlachter-Bibel* an: »*Weil ich Apostel der Heiden bin, bringe ich meinen Dienst zu Ehren*«. Manche Menschen mögen die Ausdrucksweise in diesem Vers als hochmütig empfinden. Aber ich hoffe, du verstehst inzwischen, dass Paulus' Aussage nicht dem Stolz entspringt. Er war der Apostel der Heiden. Dazu hatte Gott ihn berufen (Apg 9,15), und die Heiden waren diejenigen, zu denen er von den Ältesten der Gemeinde entsandt worden war (Gal 2,7–9). Paulus verherrlichte mit dieser Aussage nicht sich selbst; er würdigte damit seinen Dienst – den Dienst, den Gott ihm gegeben hatte.

Ich habe schon viele Menschen kennengelernt, die sich ständig selbst loben. Wenn jemandem eine Ehre zuteilwird oder er etwas erreicht hat, bringen diese Menschen sofort ihre eigene Leistung ins Gespräch. Sie können es nicht ertragen, wenn andere Anerkennung erhalten, ohne selbst auch gelobt zu werden. Wenn der Star-Football-Spieler der örtlichen Highschool ein College-Stipendium erhält, weil er auf dem Spielfeld den schnellsten 40-Meter-Sprint hingelegt hat, würde eine solche Person sagen: »Als ich in der Highschool war …«. Das ist Stolz. Es ist ein Heischen nach Anerkennung. Ein demütiger Mensch lässt anderen ihren großen Moment, ohne die allgemeine Aufmerksamkeit auf die eigenen Leistungen lenken zu wollen.

Was immer wir hervorheben, wird größer. Wenn wir uns selbst hervorheben, werden unsere egoistischen Motive und Wünsche – zusammen mit den entsprechenden Emotionen – größer. Aber wenn wir den Herrn hervorheben, wird er größer. Doch so wie ein Gegenstand nicht wirklich größer wird, wenn wir ihn durch eine

Lupe betrachten, können wir die Größe oder Bedeutung Gottes nicht verändern, indem wir ihn hervorheben oder »vergrößern«. Gott ist derselbe, ob wir an ihn glauben und ihn verherrlichen oder nicht. Gott verändert sich nicht, lediglich unsere Wahrnehmung wird eine andere (Hebr 13,8; Jak 1,17). Und so wie man nicht gleichzeitig durch beide Enden eines Fernglases schauen kann, können wir nicht gleichzeitig Gott und uns selbst hervorheben und verherrlichen. Wenn wir es vorziehen, den ganzen Ruhm und die Anerkennung für unsere Leistungen für uns selbst zu beanspruchen, verringern wir automatisch den Wert, den wir Gott beimessen – die Wertschätzung, die wir ihm entgegenbringen. Wenn wir aber Gott aufrichtig verherrlichen und ihm danken, wird das eigene Ich automatisch in den Hintergrund rücken.

Ein großartiges Beispiel dafür ist Johannes der Täufer. Johannes war als Sohn von Elisabeth und Zacharias der Cousin von Jesus. Er war im wahrsten Sinne des Wortes ein Wunderkind, das schon im Mutterleib Gott geweiht war. Er lebte in der Wüste bis zu dem Tag, an dem er begann, das Volk zu Gott zurückzurufen (Lk 3,2–3). Seine Botschaft war so treffend und kraftvoll, dass sich das Volk Israel zu fragen begann, ob er der lang erwartete Messias sei (Lk 3,15). Lukas 3,16 berichtet, wie Johannes darauf reagierte:

> *Ich taufe euch mit Wasser; es kommt aber einer, der stärker ist als ich, und ich bin nicht würdig, ihm seinen Schuhriemen zu lösen; der wird euch mit Heiligem Geist und Feuer taufen.*

Johannes behauptete nicht, der Messias zu sein. Er stellte sich gegenüber den Menschen nicht in den Vordergrund. Er sagte ihnen klar und deutlich: »Ich bin es nicht.« Eines Tages sah Johannes Jesus auf sich zukommen und rief: »Siehe, das Lamm Gottes, das die Sünde der Welt hinwegnimmt!« (Joh 1,29), und zwei von Johannes' eigenen Jüngern begannen, Jesus nachzufolgen (Joh 1,35–37).

Ich kenne nicht viele Prediger, die so reagieren würden. Die meisten Pastoren, die ich kenne, bekommen einen Anfall, wenn die Leute in ihrer Gemeinde Interesse an einem anderen Dienst bekunden. Sie kritisieren und bemängeln dann diesen Dienst, um ihn zu diskreditieren, und sie untersagen ihrer Gemeinde den Besuch von Gottesdiensten anderer Gemeinschaften, und das alles nur aufgrund ihrer persönlichen Unsicherheit.

Johannes hat sich nicht so verhalten. Er war nicht um seinen Ruf besorgt. Er hat nicht versucht, für sich selbst zu werben. Als die Schriftgelehrten hörten, dass Jesus ebenfalls den Menschen diente und sie taufte, versuchten sie, bei Johannes Eifersucht zu wecken. »Hast du schon mitbekommen«, fragten sie ihn, »dass Jesus – für den du Zeugnis abgelegt hast – mehr Menschen tauft als du? Alle strömen zu ihm« (Joh 3,26). Aber Johannes schluckte den Köder nicht. Er verhielt sich demütig und erwiderte:

> *Ein Mensch kann sich nichts nehmen, es sei denn, es ist ihm vom Himmel gegeben. Ihr selbst bezeugt mir, dass ich gesagt habe: Nicht ich bin der Christus, sondern ich bin vor ihm her gesandt. … Er muss wachsen, ich aber muss abnehmen.*
> *— Johannes 3,27–28.30*

Johannes behauptete nie, der Christus oder Messias zu sein. Er war zufrieden mit der Aufgabe und dem Plan, den Gott für ihn vorgesehen hatte. Johannes wollte nur Gott verherrlichen. Wenn sein in den Hintergrund treten Gott mehr Ruhm einbrachte, dann sollte es so sein.

Ich weiß von einem Pastor in Colorado Springs, Colorado, dessen Versammlungen irgendwann immer mehr Menschen anzuziehen begannen. Als ein anderer Pastor, mit dem ich befreundet bin, sah, dass dieser Mann die Leute deutlich besser erreichte als er selbst, unterstellte er sich dem Mann und ermunterte seine Gemeinde, es ihm gleichzutun. Dieser Pastor lud meinen Freund ein, in seiner Gemeinde mitzuarbeiten und sich um die Menschen dort zu kümmern. Ich weiß, dass dies eine ungewöhnliche Geschichte ist, aber die Gemeinde blühte auf, und beide Männer wurden erfolgreich. Beiden ging es mehr um die Verherrlichung Gottes als um die Verherrlichung ihrer selbst, und Gott hat sie dafür geehrt.

Dann gab es da noch diesen Pastor, der vor Jahren in die Gegend von Colorado Springs kam, um eine »Full Gospel Church« zu gründen. Historisch bedingt erfuhren geisterfüllte, glaubensbasierte Kirchen keine Unterstützung in Colorado Springs. Zu jener Zeit waren die größten Kirchen in dieser Gegend konfessionelle Kirchen. Aber die neu gegründete Gemeinde dieses Pastors entwickelte sich so gut, dass schon bald nach einem größeren Gebäude gesucht wurde. Ich war bei der Einweihung des neuen Gebäudes dabei und freute mich, als ich hörte, wie Gott für seine Gunst und Versorgung gepriesen wurde. Aber noch bevor der Gottesdienst zu Ende war, wechselte das Lob von der Verherrlichung Gottes zu »Seht nur, was wir aufgebaut haben!« Es war wirklich abstoßend.

Ich prophezeite der Kirche aus 1. Samuel 15,17 und 23; dort weißt Samuel Saul wegen seines Stolzes zurecht. (»Ist es nicht so, als du klein warst in deinen Augen, wurdest du das Haupt der Stämme Israels? … Weil du nun das Wort des HERRN verworfen hast, so hat er dich verworfen, dass du nicht mehr König sein sollst!«) Ich sagte: »Gott hat diese Dinge getan. Wir müssen unser Rühmen und Loben auf Gott richten, sonst könnten wir seine Gunst genauso schnell verlieren, wie wir sie bekommen haben.« Meine Worte kamen nicht gut an. Und schon bald fiel die Gemeinde auseinander. Der Pastor ließ sich scheiden und verlor seine Familie, und sein Schatzmeister wanderte ins Gefängnis. Um zu überleben, begann dieser ehemalige Pastor, Damenkosmetika zu verkaufen. Als Letztes hörte ich, dass er verstorben sei.

Brüder und Schwestern, Hochmut ist tödlich. Er stößt die Gnade Gottes ab und führt ins Verderben. Das bedeutet aber nicht, dass wir in ein Kloster fliehen oder uns einer religiösen Gruppierung anschließen müssen, in der unser Fleisch kasteit wird. Biblische Demut erfordert nicht, dass wir auf dem nackten Boden schlafen oder uns nur von Heuschrecken und wildem Honig ernähren. Sollte Gott dich dazu aufgefordert haben, dann gehorche ihm. Ich jedoch glaube nicht, dass ein asketischer Lebensstil, der auf jeden Komfort verzichtet und auf all das Gute, das die Nachfolge Gottes mit sich bringt, gleichbedeutend mit wahrer Demut ist. Tatsächlich verspricht Gottes Wort, dass er uns zur rechten Zeit erhöhen wird, wenn wir uns unter seine mächtige Hand demütigen (1Petr 5,6). Er wird diejenigen ehren, die ihn ehren (1Sam 2,30).

Tatsächlich verspricht Gottes Wort, dass er uns zur rechten Zeit erhöhen wird, wenn wir uns unter seine mächtige Hand demütigen.

Ein demütiger Mensch ist keiner, der nie mit Stolz zu kämpfen hat. Ein demütiger Mensch leugnet nicht, dass er sich mit sich selbst auseinandersetzen muss. Ein demütiger Mensch erkennt an, dass sein Ego existiert, verweigert diesem aber die Vorrangstellung. Stattdessen strebt er danach, Gott zu verherrlichen und andere höher zu achten als sich selbst (Phil 2,3). So jemand beschließt, dankbar zu sein und stets vor Augen zu behalten, wer Gott ist und was er für denjenigen getan hat. Wir können uns nicht demütigen und dann Gottes Beförderung und Segen für unser Leben ablehnen. Wohlstand zu meiden, weil er »egoistisch« ist, zeugt nicht von Demut. Es ist nicht gottgefällig. In Hebräer 11,6 steht:

Ohne Glauben aber ist es unmöglich, ihm wohlzugefallen; denn wer zu Gott kommt, muss glauben, dass er ist und dass er die belohnen wird, welche ihn suchen.

Gott belohnt diejenigen, die ihn suchen. Es gefällt Gott, wenn er sieht, dass seine Kinder in den Segnungen der Demut leben (Ps 35,27). Wenn du dich nur um das Dach über deinem Kopf, das Benzin in deinem Tank und das Essen auf deinem Tisch kümmerst, bist du nicht demütig, sondern egoistisch. Wahre Demut sagt: »Ich habe ausreichend. Wie kann ich nun anderen helfen? Was kann ich tun, um mit Gott zusammenzuarbeiten und sein Reich auf der Erde zu errichten?«

So gedenke doch an den HERRN, deinen Gott – denn Er ist es, der dir Kraft gibt, solchen Reichtum zu erwerben –, damit er seinen Bund aufrechterhält, den er deinen Vätern geschworen hat, wie es heute geschieht. — 5. Mose 8,18

KAPITEL 20

Demut entkräftet den Zorn

Jähzornige Menschen sind stolze Menschen. Das mag dich schockieren, aber es ist wahr. In der Gesellschaft wird aufbrausendes Verhalten oft auf die Hormone, bestimmte Persönlichkeitstypen oder auf versuchte persönliche Rechtfertigung zurückgeführt, aber das entspricht nicht dem, was die Bibel lehrt. In Sprüche 13,10 (KJV) heißt es: »**Nur** durch Stolz entsteht Streit; aber bei den Besonnenen wohnt die Weisheit.« Man beachte das Wort »nur«. Egal, in welchem Wörterbuch oder in welcher Konkordanz ich dieses Wort nachschlage, »nur« bedeutet *nur*. Es gibt keine andere Ursache, wie Zank und Streit entstehen, außer durch Stolz. Stolz ist die Wurzel; Demut ist die Lösung.

Ich weiß noch, wie ich vor über zwanzig Jahren in Pueblo, Colorado, über genau dieses Thema gepredigt habe. Ein Mann kam anschließend auf mich zu und sagte: »Ich respektiere Sie. Ich mag Ihren Dienst. Aber Sie haben Unrecht, was den Zorn angeht. Ich bin ein sehr zorniger Mensch. Ich bin so jähzornig, dass ich immer wieder in Schwierigkeiten gerate. Aber ich bin nicht stolz.« Ich bin mir sicher, dass viele Menschen so denken, aber das liegt daran, dass wir das Wort *Stolz* sowohl falsch verstehen als auch falsch anwenden.

Viele Menschen denken bei Stolz an Arroganz. Arroganz ist zwar in Stolz begründet, aber nicht jede Art von Stolz zeigt sich als Arroganz. Geringes Selbstwertgefühl und Unsicherheit sind ebenfalls Ausdruck von Stolz. Wie schon gesagt, ist Stolz einfach

Selbstbezogenheit. Er ist mehr auf sich selbst als auf Gott und auf andere fokussiert. Im Mittelpunkt des Stolzes steht das eigene Ich.

Ich weiß darüber Bescheid, weil ich ein ausgesprochen introvertierter Mensch war. Es fiel mir schwer, mit jemandem zu sprechen, der nicht zur Familie gehörte oder ein enger Freund war. Und weißt du, woran das lag? Am Stolz. Ich hatte nur mich selbst im Blick. Ich machte mir Sorgen darüber, was andere von mir denken könnten. Würde ich etwas Dummes sagen oder tun? Das ist die Wurzel aller Schüchternheit und Unsicherheit. Wenn ein Mensch nur auf sich selbst fixiert ist, dann ist das Stolz, und laut der Bibel ist das der Nährboden für Streitigkeiten.

Wenn ein Mensch nur auf sich selbst fixiert ist, dann ist das Stolz, und laut der Bibel ist das der Nährboden für Streitigkeiten.

Ich habe einmal eine Fernsehreportage gesehen, in der man die Menschen davon zu überzeugen versuchte, dass die Todesstrafe aus unserem Rechtssystem gestrichen werden sollte. Demnach sollte lebenslange Haft (anstelle der Todesstrafe) die strengste Form der gerichtlichen Verurteilung werden. Nun, ich bin nicht begeistert von der Todesstrafe, aber ich glaube, dass sie ein biblisch fundiertes, manchmal angemessenes Mittel zur Abschreckung vor Gewaltverbrechen ist (1Mo 9,5–6). Und in dieser Überzeugung bin ich ziemlich fest. Als ich aber diese Sendung sah, geriet meine Überzeugung ins Wanken.

Bei dieser Reportage wurde die Fallstudie eines Mannes angeführt, der ein junges Mädchen vergewaltigt und ermordet hatte. Anstatt sich jedoch auf die Fakten des Falles zu konzentrieren, fing man an, eine Geschichte zu erzählen, die in der Kindheit dieses Mannes begann. Das Ganze war sehr emotional. Als ich sah, wie seine Babyfotos über den Fernsehbildschirm flimmerten, konnte ich mir nur schwer vorstellen, dass dieses unschuldige Kind etwas tun könnte, das den Tod verdient. Ich sah zu, wie er im Hinterhof spielte, auf einem Steckenpferd ritt und auf Bäume kletterte. Dann hörte ich von dem Missbrauch, den er erlitten hatte, und ich sah, wie dieser Junge sich von einem Opfer zu einem Raubtier entwickelte. Dann zeigte man ihn in seiner dunklen Zelle sitzend, den Kopf in die Hände gesenkt. In mir regte sich Mitgefühl für diesen Mann. Obwohl ich wusste, dass das, was er getan hatte, falsch war, und die Familie des Mädchens mir leidtat, begann ich ihn zu bemitleiden. Ich dachte: *O Gott, es gibt so viele mildernde Umstände. Gibt es nicht einen besseren Weg, mit diesem Mann umzugehen?*

Das ließ mich meine Überzeugungen in Frage stellen. Doch während ich so über all das nachdachte, sprach der Herr zu meinem Herzen. Er sagte: »Andrew, was wäre, wenn sie einen Bericht über das Mädchen brächten, das dieser Mann vergewaltigt und ermordet hat? Was wäre, wenn sie *ihre* Babyfotos zeigten? Wenn sie zeigen würden, wie sie mit Puppen gespielt und einen Schneemann gebaut hat? Was wäre, wenn sie dich durch die Flure ihrer Highschool führten und dich ihre Abschlussfeier sehen ließen? Was, wenn sie über ihren Verlobten sprächen und dir Fotos von ihrer Verlobungsfeier zeigten? Wenn du von den Plänen der beiden wüsstest, zu heiraten, ein eigenes Haus zu kaufen und drei Kinder zu bekommen? Und was wäre, wenn sie dir mittendrin erzählten, dass ein Perverser diese Frau auf dem Weg zu ihrem Auto überfallen und zur eigenen Befriedigung vergewaltigt hat und dann nicht Manns genug war, zu seiner Tat zu stehen, sodass er sie tötete, um seine Tat zu vertuschen? Wie würden du und die anderen Zuschauer sich dann wohl fühlen?«

Mir wurde klar, dass dieselben Zuschauer, die eben noch unser Justizsystem beklagt hätten, nachdem ihnen die Geschichte des Täters präsentiert worden wäre, sich nun in eine Bürgerwehr verwandeln und ihn am nächstgelegenen Baum aufknüpfen würden. Der Herr sprach wieder und sagte: »Alles hängt von der Perspektive ab. So oder so wird es zu einer emotionalen Reaktion kommen.«

Das Gleiche gilt für jeden Konflikt. Unsere Gefühle werden sich nach der Perspektive richten, die wir einnehmen. Wenn wir unsere Umstände von einer stolzen, selbstbezogenen Perspektive aus betrachten, wird uns das wütend werden lassen. Das lässt sich kaum vermeiden. Wenn wir uns jedoch entschließen, die Gefühle und die Perspektive der anderen Person zu berücksichtigen, wird in unserem Herzen Mitgefühl aufsteigen, und wir werden barmherzig handeln. Genau das ist in Sprüche 13,10 gemeint. Ärger, Streit und Zwietracht werden allein durch Stolz verursacht, der die Dinge aus einer rein egoistischen Perspektive betrachtet.

Es gab Zeiten in meinem Leben, in denen mein Bruder mich fast zu Tode prügelte. Er war kein übler Mensch, aber sein Jähzorn war einfach schrecklich! Jedes Mal, wenn er sich wieder beruhigt hatte, entschuldigte er sich. »Es tut mir leid«, sagte er dann. »Mir war gar nicht klar, was ich da mache. Ich habe nicht darüber nachgedacht, wie weh ich dir tue. Ich habe nur daran gedacht, was du mir angetan hast.«

Das ist Stolz, und das einzige Gegenmittel ist Demut – Gott und andere an die erste Stelle zu setzen. Jesus ist ein ganz erstaunliches Beispiel für dieses Konzept. Wenn jemals jemand eine Rechtfertigung für seinen Zorn gehabt hätte, dann Jesus. Er war der sündlose Sohn Gottes und dennoch erduldete er das an ihm begangene Unrecht. Er wurde verspottet und bespuckt, entblößt und geschlagen. Sein Bart wurde ausgerissen (Jes 50,6). Dieselben Menschen, die ihn auf den Straßen gepriesen hatten, forderten nun lautstark seine Kreuzigung. Doch als Jesus am Kreuz hing, hatte er Erbarmen mit den Menschen. Er reagierte nicht im Zorn. Er hätte es tun können; er hätte zwölf Legionen von Engeln an seine Seite rufen und die gesamte Menschheit auslöschen können (Mt 26,53). Stattdessen betete er: »Vater, vergib ihnen, denn sie wissen nicht, was sie tun!« (Lk 23,34).

Würden einfach nur die Umstände eine chemische Reaktion im Gehirn hervorrufen und eine natürliche Zornreaktion auslösen, wäre es Jesus unmöglich gewesen, so zu reagieren. Er wäre unweigerlich wütend geworden. Manche denken jetzt: *Das war schließlich Jesus. Aber ich bin nicht Jesus; ich kann sowas nicht.* Doch das taugt als Ausrede nicht. Du bist vielleicht nicht Jesus, aber du hast denselben Geist in dir, den Jesus in sich hatte (Röm 8,11). Sogar Stephanus, der als Mensch mit einer gefallenen Natur geboren wurde, war als Wiedergeborener durch den Geist Christi in der Lage, Schmerz und Wut zu überwinden, um genau den Leuten zu vergeben, die ihn zu Tode steinigten (Apg 7,58–60).

Das Verhalten von Jesus und Stephanus zeigt, dass Zorn keine unkontrollierbare, körperliche Reaktion ist. Er ist eine Entscheidung. Wer demütig ist, dem ist es unmöglich, ein zorniges, von Wut beherrschtes Leben zu führen. Demut entkräftet den Zorn. Wenn du andere mehr schätzt als dich selbst, kannst du für diejenigen beten, die dir Unrecht tun, so wie Jesus es getan hat. Genau das macht Demut aus.

In Jakobus 4 steht:

> *Redet nicht schlecht übereinander, Brüder! Wer über einen Bruder schlecht redet oder seinen Bruder richtet, redet schlecht über das Gesetz und richtet das Gesetz. Wenn du aber das Gesetz richtest, so bist du nicht ein Täter des Gesetzes, sondern ein Richter. Einer ist Gesetzgeber und*

Richter, der zu retten und zu verderben vermag. Du aber, wer bist du, der du den Nächsten richtest? — Jakobus 4,11–12 ELB

Das lässt sich mit Römer 12,19 verbinden, wo es heißt: »Mein ist die Rache; ich will vergelten, spricht der Herr.« Demut redet nicht schlecht oder verleumderisch über einen Bruder oder eine Schwester. Sie nimmt die Dinge nicht selbst in die Hand und urteilt nicht im Zorn oder vergilt Böses mit Bösem. Demut unterstellt sich Gott und überlässt ihm die Verteidigung.

Wer demütig ist, dem ist es unmöglich, ein zorniges, von Wut beherrschtes Leben zu führen. Demut unterstellt sich Gott und überlässt ihm die Verteidigung.

Vor vielen Jahren hielt ich ein Treffen in der Stadt ab, in der ein bekannter Fernsehprediger lebte, der mich aufs Übelste verleumdete. Ich weiß nicht, wie es zu dieser irrationalen Wut gekommen war, aber einer meiner Mitarbeiter ging in seine Gemeinde und da ich sowieso in der Stadt war, überlegte ich, ob ich nicht auch mal vorbeischauen sollte. Doch im letzten Moment änderte ich meine Meinung. Am Nachmittag desselben Tages erzählte mir dieser Mitarbeiter, man habe den Leuten gesagt, ich stünde der »raffiniertesten Sekte seit Jim Jones« vor. Sie waren aufgefordert worden, meine Zusammenkünfte zu boykottieren und mein Material zu verbrennen.

Diese Worte taten weh, aber ich erkannte sie als das, was sie waren – Pfeile des Feindes. Ich wurde nicht wütend. Ich wehrte mich nicht und sprach nicht schlecht über diesen Mann. Ich brachte ihm einfach weiterhin Liebe entgegen und unterstützte seinen Dienst. Zwanzig Jahre später wurden dieser Pastor und ich in derselben Fernsehsendung interviewt. Während einer Werbepause sprach er mich an und sagte: »Ich liebe Ihre Sendung! Ich schaue sie jeden Tag.« Seitdem sind wir in zahlreichen Sendungen zusammen aufgetreten. Wir haben uns angefreundet und unsere Telefonnummern ausgetauscht. Inzwischen hat er sogar schon bei Charis gedient und unseren Dienst gesegnet. Ich weiß nicht, was passiert ist! Ich habe nichts weiter getan, als mich nicht dem Zorn hinzugeben, und Gott hat mich verteidigt.

Wir müssen verstehen lernen, dass nicht Menschen das Problem sind (Eph 6,12). Der Teufel ist derjenige, der uns angreift. Er ist der Ankläger der Brüder (Offb 12,10). Er mag dazu zwar Menschen benutzen, aber oft sind diese sich gar nicht bewusst, was sie da tun. Vielleicht hatten sie auch einfach einen schlechten Tag. Vielleicht mussten sie das Mittagessen ausfallen lassen oder waren die ganze Nacht wegen eines erkrankten Kindes wach. Vielleicht waren sie einfach falsch informiert. Wir wissen es nicht, und wir dürfen uns nicht gestatten, wütend zu werden und Vergeltung zu üben.

Es gab da eine Gemeinde, zu der ich früher öfter reiste. In der ersten Reihe saß immer dasselbe Ehepaar. Die beiden kamen schon Stunden vor Beginn, um einen guten Platz zu ergattern. Ich erinnere mich, dass ich einmal auf sehr konkrete Weise prophetisch zu ihnen sprach. Ich meine, es war wirklich sehr konkret – ich hatte also entweder den Nagel auf den Kopf getroffen oder total aus dem Fleisch heraus geredet. Das Problem war nur, dass ich danach keine Gelegenheit mehr hatte, mit ihnen zu sprechen, um mich dessen zu vergewissern, und ich wusste, dass ich sie erst wiedersehen würde, wenn ich das nächste Mal in die Stadt käme.

Das nächste Mal, als ich dort diente, war das Paar nicht anwesend. Sofort erinnerte ich mich an mein prophetisches Wort. Ich kam zu dem Schluss, dass ich wohl danebengelegen und sie verärgert hatte. Ich ließ meiner Fantasie freien Lauf und stellte mir vor, wie sie allen erzählen würden, ich sei ein falscher Prophet. Die ganze Nacht und den darauffolgenden Tag dachte ich über ihre Abwesenheit nach. Ich wurde wütend, weil ich fand, dass sie mir Unrecht taten; ich hätte am liebsten auf irgendetwas eingeschlagen. Am nächsten Abend saßen sie dann wieder in der ersten Reihe. »Es tut uns sehr leid«, sagten sie, als ich sie ansprach. »Wir hatten einen Todesfall in der Familie und konnten gestern nicht hier sein. Wir würden nie eine Ihrer Veranstaltungen freiwillig verpassen!« Ich fühlte mich wie eine miese Kröte. Ich hatte sie verurteilt und mich vierundzwanzig Stunden lang mit gekränkten Gefühlen herumgeschlagen – und das völlig zu Unrecht! Ich hatte gesehen, dass sie nicht da waren, aber nicht gewusst, warum, und voreilige Schlüsse gezogen. Anstatt der Demut Raum zu geben, meinen Schmerz und meine Wut zu entkräften, bin ich hochmütig gewesen und habe ihre Abwesenheit als persönliche Zurückweisung angesehen. Das war eine gewaltige Lektion, die ich da zu lernen hatte!

Anstatt der Demut Raum zu geben, meinen Schmerz und meine Wut zu entkräften, war ich hochmütig und sah ihre Abwesenheit als persönliche Zurückweisung an. Das war eine gewaltige Lektion, die ich zu lernen hatte!

KAPITEL 21

Richtet nicht?

Dieser Abschnitt aus der Bergpredigt Jesu wird oft falsch gedeutet: »Richtet nicht, damit ihr nicht gerichtet werdet! Denn mit demselben Gericht, mit dem ihr richtet, werdet ihr gerichtet werden; und mit demselben Maß, mit dem ihr [anderen] zumesst, wird auch euch zugemessen werden« (Mt 7,1–2). Die Leute verstehen diese Verse so, dass wir niemanden oder nichts verurteilen sollen. Wir sollen nicht einmal eine Meinung haben. Sie wollen damit sagen, dass es kein Richtig oder Falsch gibt, oder zumindest, dass wir niemandem vorschreiben sollten, was richtig ist und was nicht. Doch das verstößt gegen das, was die Bibel sagt, denn an anderer Stelle sagte Jesus sogar: »Heuchler! Das Aussehen der Erde und des Himmels wisst ihr zu beurteilen. Wie aber kommt es, dass ihr diese Zeit nicht zu beurteilen wisst? Warum richtet ihr aber auch von euch selbst aus nicht, was recht ist?« (Lk 12,56–57 ELB).

Jesus hat nie gesagt: »Richtet nicht.« Er sagte: »Richtet nicht, damit ihr nicht gerichtet werdet!« Mit anderen Worten: Wir ernten, was wir säen. Zwei der sieben Hirten der Gemeinden in Kleinasien wurden vom Herrn zurechtgewiesen, weil sie die Menschen, die in ihren Gemeinden Irrtum lehrten, nicht richteten (Offb 2,14–16.20–23). Der Apostel Paulus sagte in 1. Korinther 5,3, dass er ein Urteil gefällt habe, und in 1. Korinther 10,15 forderte er die Korinther auf, sich über das, was er sagte, ein Urteil zu bilden.

Kurz gesagt: Wir müssen urteilen. Wir beurteilen jeden Tag das Wetter. Wir vergleichen ein Paar Schuhe mit einem anderen und beurteilen, welches Paar sein Geld eher wert ist. Wir beurteilen, ob wir ausreichend Zeit haben, um noch bei Gelb sicher über die Kreuzung zu kommen. Urteile zu fällen ist nicht falsch. Es ist klug, zu beurteilen, ob man jemandem vertrauen kann oder nicht. Es ist klug, zu beurteilen, wer Zugang zu deinen Finanzunterlagen haben sollte oder wer versuchen würde, dich zu bestehlen. Jesus hat uns nicht davor gewarnt, Urteile zu fällen. Er warnte uns davor, so zu urteilen, wie wir selbst nicht beurteilt werden wollen. Er warnte uns davor, ungerechte Urteile zu fällen.

> *Richtet nicht nach dem Augenschein, sondern fällt ein gerechtes Urteil! — Johannes 7,24*

Kennst du das alte Sprichwort »Beurteile niemals ein Buch nach seinem Einband«? Ich bin mir ziemlich sicher, dass es auf diesen Vers zurückgeht. Wir sollten nicht voreilig über Menschen oder Situationen urteilen. Wir sollten nicht aufgrund von Äußerlichkeiten urteilen. Wir müssen uns die Fakten ansehen. Und wir müssen anderen gegenüber Barmherzigkeit walten lassen, bis wir ein »gerechtes Urteil« fällen können.

Jesus hat nie gesagt: »Richtet nicht.« Er sagte: »Richtet nicht, damit ihr nicht gerichtet werdet!« Mit anderen Worten: Wir ernten, was wir säen.

Einmal kam eine Frau zu mir und beschwerte sich über ihren Pastor. Offenbar war sie es gewohnt, dass der Pastor sie jeden Sonntagmorgen begrüßte, aber an einem bestimmten Morgen hatte er das nicht getan. »Er ist sauer auf mich«, sagte diese Frau. »Er ist an mir vorbeigelaufen und hat mich nicht einmal zur Kenntnis genommen. Selbst als ich versuchte, ihn zu grüßen, hielt er den Kopf gesenkt und ging einfach weiter. Ich bin mir nicht sicher, ob ich in eine Kirche gehen will, in der ich praktisch unsichtbar bin.« Sie begann, über ihren Pastor zu schimpfen und ihn zu beschuldigen, bis ich sie unterbrach. »Woher willst du wissen, dass er dir gegenüber abweisend war?« sagte ich. »Vielleicht musste er dringend zur Toilette. Vielleicht gab es ein Mitarbeiterproblem, das er lösen musste. Vielleicht wurde er in der Nacht zuvor ins Krankenhaus gerufen und kam erst um drei Uhr morgens nach Hause. Vielleicht stellte er fest, dass er vergessen hatte, sich die Zähne zu putzen. Vielleicht hat Gott zu ihm über seine Predigt gesprochen. Du bist nicht der Mittelpunkt des Universums. Ist es möglich, dass er mit seinen Gedanken woanders war als bei dir? Ich weiß nicht, was passiert ist, aber du eben auch nicht. Fälle also kein ungerechtes Urteil über ihn.«

Weißt du, eine der Anforderungen an einen Ältesten ist Nüchternheit (1Tim 3,2). Das Wort *nüchtern* bedeutet nicht, dass man einfach nur nicht betrunken ist. Es bedeutet im Grunde, frei von spekulativen Vorstellungen zu sein. Wir sollten nicht über die Motive anderer Menschen spekulieren. Wir brauchen uns nicht einzubilden, dass wir verstehen, warum Menschen tun, was sie tun. Es wäre nicht falsch gewesen, wenn diese Frau zu ihrem Pastor gegangen wäre und gefragt hätte: »Pastor, stimmt etwas nicht? Ich bin heute Morgen an dir vorbeigelaufen und habe dich gegrüßt, aber du hast nicht reagiert.« Daran ist nichts auszusetzen. Problematisch wird es erst, wenn Schuld zugewiesen wird und Motive unterstellt werden. Sie wusste nicht, was im Herzen oder im Kopf ihres Pastors vor sich ging; sie hatte nicht alle Fakten auf dem Tisch. Und deshalb konnte sie kein gerechtes Urteil fällen.

Als Petrus und Johannes festgenommen wurden und man ihnen sagte, sie dürften nicht mehr im Namen Jesu predigen, antworteten sie: »Urteilt selbst, ob es vor Gott recht ist, dass wir euch mehr gehorchen als Gott« (Apg 4,19 LUT). Doch die heutige Gesellschaft sagt: »Nur der Oberste Gerichtshof hat das Recht zu urteilen. Wenn der Oberste Gerichtshof sagt, dass die gleichgeschlechtliche Ehe oder Abtreibungen in Ordnung sind, müssen alle anderen dem zustimmen. Christen können nicht über die Sünde oder die Moral eines anderen urteilen.«

Christen urteilen nicht über die Sünde. Sie urteilen nicht darüber, ob Homosexualität (oder irgendeine andere Sünde) falsch ist. Gott hat bereits darüber geurteilt – es ist falsch. Christen entscheiden sich einfach dafür, Gott beizupflichten. Mit Demut urteilen sie in gerechter Weise.

In Matthäus 7,3–5 lesen wir, was Jesus in seiner Predigt über das Richten sonst noch zu sagen hat:

> *Was siehst du aber den Splitter im Auge deines Bruders, und den Balken in deinem Auge bemerkst du nicht? Oder wie kannst du zu deinem Bruder sagen: Halt, ich will den Splitter aus deinem Auge ziehen! – und siehe, der Balken ist in deinem Auge? Du Heuchler, zieh zuerst den Balken aus deinem Auge, und dann wirst du klar sehen, um den Splitter aus dem Auge deines Bruders zu ziehen!*

Auch hier geht es nicht darum, dass wir niemals urteilen sollten. Wir müssen in der Lage sein, gerechte Urteile zu fällen, aber wir sollten auch barmherzige Urteile fällen. Wir sollten nicht aufgrund von Äußerlichkeiten oder oberflächlichen Fakten urteilen. Wir sollten nicht nur von unserem Standpunkt aus bewerten oder die Probleme anderer kritisieren, wenn wir selbst mit den gleichen

Problemen zu kämpfen haben. Das ist Hochmut. Wir müssen uns selbst beurteilen, bevor wir andere beurteilen, damit wir Barmherzigkeit üben können.

Menschen sehen die Dinge unterschiedlich. Wir denken verschieden. Jeder von uns findet andere Dinge wichtig. Das soll nicht heißen, dass diese Unterschiede falsch sind oder dass der Standpunkt eines anderen keine Gültigkeit hat; es kann nur dazu führen, dass Meinungsverschiedenheiten schwer zu überwinden sind.

Es gab da beispielsweise einen Mann in meinem Dienstteam, der immer anderer Meinung zu sein schien als ich. Wenn ich sagte: »Geht nach Osten«, sagte er: »Nein, wir müssen nach Westen gehen.« Eines Tages, mitten in einer dieser Auseinandersetzungen, wäre ich fast ausgerastet. Beinahe hätte ich ihm vorgeworfen, dass er kein Teamplayer sei, dass er sich gegen mich gestellt habe. Aber ich fing mich wieder. Ich wusste, dass das, was ich dachte, nicht stimmte; es fühlte sich in der Hitze des Gefechts einfach so an. Je mehr ich darüber nachdachte, desto klarer wurde mir, dass seine abweichende Sichtweise unser Team sogar stärker machte. Es zwang uns, gründlicher nachzudenken und fundierte Entscheidungen zu treffen, die dem Dienst langfristig zugutekämen.

Der springende Punkt ist, dass wir alle lernen müssen, mit Meinungsverschiedenheiten umzugehen. Jeder von uns muss lernen, mit unbequemen Situationen zurechtzukommen. Zur Demut gehört auch, dass wir lernen, dies auf selbstlose Weise zu tun. Es schadet nicht, zu jemandem zu gehen und zu sagen: »Ich fand es nicht gut, was du hier getan (oder gesagt) hast. Kannst du mir erklären, was dich dazu bewegt hat?« Es ist falsch, im Zorn zu einer Person zu gehen und über ihre Motive zu urteilen. Es ist falsch, die Person zu verleumden und Gerüchte über die Situation zu verbreiten, mit dem Ziel, andere zur Übernahme der eigenen Meinung zu bewegen. Das ist nicht hilfreich. Die Bibel sagt uns, wir sollen unter vier Augen mit einem Mitgläubigen reden (Mt 18,15) – nicht um ihn zurechtzuweisen, nicht um eine Entschuldigung zu verlangen oder uns zu rächen, sondern mit dem Ziel der Versöhnung (Mt 5,24).

Ich wurde einmal für eine Radiosendung über diesen Prozess der Vergebung und Versöhnung befragt und führte das Beispiel einer Frau an, der ich gedient hatte. Sie lebte in einer von Gewalt geprägten Beziehung. Ihr Mann hatte sie und die Kinder geschlagen und gedroht, sie umzubringen. Sie kam zu mir, um Gebet und Rat zu erhalten, und ich ermutigte sie, für ihren Mann zu beten. Nach einiger Zeit begann der Herr, in ihrem Herzen etwas zu verändern, sodass sie ihrem Mann vergeben und sich mit ihm versöhnen konnte. Der Herr schenkte ihr eine besondere Liebe zu ihrem Mann und zeigte ihr nach und nach, warum ihr Mann gewalttätig war.

Während ich diese Geschichte erzählte, unterbrach mich der Redakteur und sagte: »Das können wir nicht verwenden. Ich kann diese Geschichte nicht senden und Menschen dazu ermutigen, in solchen von Gewalt geprägten Beziehungen zu bleiben. Jemand könnte getötet werden.«

»Tun Sie, was Sie wollen«, sagte ich. »Ich plädiere nicht dafür, dass jeder, der in einer von Gewalt bestimmten Beziehung lebt, darin bleiben sollte. Ich erzähle Ihnen nur, wie diese Frau eine schreckliche Situation überstanden hat und erlebte, wie Gott die Dinge zum Guten wendete.«

Weil diese Frau sich demütigte und aufhörte, die Dinge nur aus ihrer Perspektive zu betrachten, konnte sie ihrem Mann vergeben. Sie erkannte, dass verletzte Menschen andere verletzen, und als sie ihm die Liebe Christi zeigte, wurde ihr Mann wiedergeboren. Ihre Ehe wurde wiederhergestellt.

Lass dich jedoch bitte nicht entmutigen, wenn es in deiner Situation nicht sofort zu einer Versöhnung kommt. Du magst alles richtig machen, aber du kannst nicht kontrollieren, wie eine andere Person auf dich reagiert. Denk daran, dass die Demütigen ihre Sorge auf den Herrn werfen (1Petr 5,6–7). In Situationen, in denen du dein Bestes getan hast, aber die Dinge einfach nicht funktionieren, kannst du dich nur Gott unterstellen und darauf vertrauen, dass er sich darum kümmert. Man kann Menschen nicht zwingen, sich zu ändern. Du kannst deinen Glauben nicht benutzen, um Widerstände zu beseitigen oder andere zu zwingen, auf dich einzugehen.

In Situationen, in denen du dein Bestes getan hast, aber die Dinge einfach nicht funktionieren, kannst du dich nur Gott unterstellen und darauf vertrauen, dass er sich darum kümmert.

Tatsächlich kenne ich Leute, die ihre Autorität als Gläubige zu dem Zweck zu nutzen versuchen, jegliche Widerstände aus ihrem Leben zu verbannen. Sie stehen morgens auf und weisen den Teufel in seine Schranken. Sie erklären, dass jeder sie lieben werde und dass alle Widerstände aus dem Weg geschafft würden. Doch damit verschwenden sie bloß ihre Zeit. Paulus sagte: »Und alle, die gottesfürchtig leben wollen in Christus Jesus, werden Verfolgung erleiden« (2Tim 3,12). Wir leben in einer gefallenen Welt. Die Umstände werden sich gegen uns wenden. Menschen werden uns verfolgen und kritisieren. Das ist Teil eines gottgemäßen Lebens.

Wenn dich jemand dafür kritisiert, dass du die Wahrheit sagst oder das Evangelium verkündest, dann meist deshalb, weil du einen Nerv getroffen hast. Derjenige schlägt zurück, um der Überführung zu entgehen. Auf mich werden ständig irgendwelche Leute wütend. Wenn ich sage, dass ich schon seit Jahrzehnten nicht mehr entmutigt war, kommen die Kritiker aus ihren Löchern gekrochen. Ich schätze, mein Zeugnis löst bei ihnen Schuldgefühle aus. Sie schimpfen auf mich und nennen mich einen Lügner. »Jeder ist mal entmutigt«, sagen sie. »Man kann doch nicht behaupten, nie mutlos zu sein.«

Ich sage nicht, dass mir nicht schon entmutigende Dinge widerfahren sind, aber Gott hat mir auf übernatürliche Weise immer Stärke und Mut bewahrt. Wenn ich Leuten sage, dass ich schon lange nicht mehr entmutigt war, will ich ihnen damit eigentlich Mut zusprechen. Ich versuche, ihnen zu sagen, dass sie nicht auf einer emotionalen Achterbahn leben müssen – Gott hat etwas Besseres. Emotionale Hochs und Tiefs sind kein normaler Teil des Lebens. Ich weiß, dass sie bei vielen Menschen auftreten, aber Jesaja sagte, dass Jesus jedes Tal erhöhen und jeden Berg ebnen würde (Jes 40,4). Damit ist nicht gesagt, dass es keine Probleme gibt, aber das Wirken Jesu in unseren Herzen sollte die Lage verbessern und Dinge ins Lot bringen.

Damit ist nicht gesagt, dass es keine Probleme gibt, aber das Wirken Jesu in unseren Herzen sollte die Lage verbessern und Dinge ins Lot bringen.

Wenn Menschen in Rebellion gegenüber den Wegen Gottes leben, ist es einfacher für sie, den Überbringer der Botschaft zu verunglimpfen, als sich zu demütigen und umzukehren. Es ist wie bei einer Gerichtsverhandlung. Wenn jemand vor Gericht eine belastende Aussage macht, versucht der Anwalt des Angeklagten als Erstes, den Zeugen zu diskreditieren. Er stöbert in dessen Vergangenheit nach Leichen im Keller. Der Zeuge soll verunsichert werden, bis er sich in Widersprüche verstrickt oder gar meineidig wird. Es wird alles unternommen, um den Zeugen unglaubwürdig zu machen, damit seine Aussage verworfen wird. Es ist nichts Persönliches. Die Verteidigung schützt nur ihren Mandanten. Genauso verhält es sich, wenn jemand die Wahrheit des Wortes bezeugt – die erste Verteidigungslinie Satans ist immer ein Angriff auf den Zeugen. Wenn es Satan gelingt, den Zeugen zu diskreditieren und ihn als Überbringer der Botschaft zu einer wütenden Reaktion zu verleiten, stellt er dessen Zeugnis in Frage. Doch wenn ein solcher Zeuge sich demütigt und weiterhin in der Liebe bleibt, gewinnt sein Zeugnis sogar noch an Kraft hinzu.

KAPITEL 22

Demut zeigt sich barmherzig

Gott ist barmherzig. Er ist nicht der Verursacher der Probleme und Tragödien, die uns im Leben begegnen. Er trägt keine Schuld daran, wenn Kinder getötet werden. Er ist nicht schuld am Auftreten von Naturkatastrophen. Er bestimmt nicht souverän, wer arm ist, wer krank ist und wer glaubt. Diese Probleme sind auf die Sünde im Allgemeinen und unsere eigenen törichten Entscheidungen zurückzuführen. Doch religiöse Menschen hören das nicht gern. Es ist einfacher, die Schuld auf einen weit entfernten kosmischen Herrscher zu schieben, als etwas näher bei sich selbst zu suchen. Die Gott-Karte auszuspielen, verschafft ihnen entweder ein Alibi oder ein gewisses Maß an Trost. Sie gibt dem Schmerz, den sie erleben, einen »tieferen Sinn«.

Ich weiß von einem Mann, der als Kind seine Schwester verlor. Die beiden hatten sich sehr nahe gestanden. Von der Kirche, die bemüht war, Trost zu spenden, bekam die Familie fälschlicherweise zu hören, Gott habe das kleine Mädchen zu sich geholt. Der Junge beschloss in seinem Herzen, dass er Gott hasste, falls es ihn wirklich gab. Als dieser Junge schließlich erwachsen war, baute er ein Medienimperium auf, das sich offen gegen Gott und alle, die ihn vertreten, ausspricht.

Wenn wir als Gläubige Menschen gegenüber emotionsgesteuert reagieren oder leichtfertig die Gott-Karte ausspielen, wenn es gilt, schwierige Fragen zu beantworten, laufen wir Gefahr, Gott falsch darzustellen. Unser Stolz setzt eine Reihe von unbeabsichtigten, weitreichenden Folgen in Gang. Wir treffen egoistische Entscheidungen. Wir verletzen andere. Wir zerstören Vertrauen und ruinieren Beziehungen.

Im Laufe meines Dienstes habe ich oft ähnliche Geschichten gehört oder gelesen wie die dieses Medienmoguls. Und wenn sich jemand wie er gegen mich wendet, denke ich: *Was hat dieser Mensch im Leben erlebt, dass er so viel Hass, Wut und Bitterkeit empfindet?* Da ich mich selbst demütige und die Worte oder Taten dieser Menschen nicht persönlich nehme, ist es mir bei vielen gelungen, ihren Schmerz zu durchdringen und ihnen zu dienen.

Demut bewahrt dich davor, wütend zu werden. Sie lässt dich an all die Barmherzigkeit denken, die Gott dir erwiesen hat, und sie hilft dir, diese Barmherzigkeit auch anderen zu erweisen. Jesus erzählte die Geschichte eines Dieners, der seinem Herrn einen beträchtlichen Geldbetrag schuldete. Als sein Herr ihn zur Rede stellte, konnte der Diener nicht bezahlen. Er bat seinen Herrn um Gnade und sagte: »Herr, habe Geduld mit mir, und ich werde dir alles zurückzahlen.« Sein Herr war barmherzig. Er erließ dem Mann seine Schuld und ließ ihn gehen (Mt 18,23–27).

Demut lässt dich an all die Barmherzigkeit denken, die Gott dir erwiesen hat, und sie hilft dir, diese Barmherzigkeit auch anderen zu erweisen.

Jesus erzählte, derselbe Mann habe dann seinen Herrn verlassen und einen Kollegen aufgesucht, der ihm einen kleinen Geldbetrag schuldete. Der Mann bedrohte diesen anderen Diener und verlangte die sofortige Rückzahlung des geschuldeten Betrags. Der Diener fiel ihm zu Füßen und bat um Gnade, aber der Mann wollte sie ihm nicht gewähren. Er ließ seinen Kollegen ins Gefängnis werfen, bis die Schuld beglichen wäre (Mt 18,28–30). Als der Herr von dem Verhalten seines Dieners erfuhr, forderte er den Mann auf, vor ihn zu treten.

> *Da ließ sein Herr ihn kommen und sprach zu ihm: Du böser Knecht! Jene ganze Schuld habe ich dir erlassen, weil du mich batest; solltest denn nicht auch du dich über deinen Mitknecht erbarmen, wie ich mich über dich erbarmt habe? Und voll Zorn übergab ihn sein Herr den Folterknechten, bis er alles bezahlt hätte, was er ihm schuldig war. So wird auch mein himmlischer Vater euch behandeln, wenn ihr nicht jeder seinem Bruder von Herzen seine Verfehlungen vergebt.*
> *— Matthäus 18,32–34*

Obwohl diesem Mann Barmherzigkeit erwiesen worden war, weigerte er sich, selbst auch barmherzig zu sein. Er war stolz und egoistisch. Er freute sich über die persönlichen Auswirkungen der Barmherzigkeit seines Herrn, aber er ließ nicht zu, dass diese Barmherzigkeit sein Herz veränderte. Dieser Mann war, wie so viele Christen es sind. Doch sieh nur, was Jesus sagte: »Genauso wird mein Vater im Himmel mit euch verfahren, wenn ihr euch weigert, euren Brüdern und Schwestern zu vergeben.« (Mt 18,35 NLB).

Gott hat uns eine riesige Schuld erlassen! Würden wir wirklich verstehen, wie viel Barmherzigkeit und Gnade uns widerfahren ist, wären auch wir anderen gegenüber gnädig und barmherzig. Menschen, die unversöhnlich und hart sind – die von anderen fordern, was sie selbst nicht bereit sind zu geben –, verstehen nicht wirklich, wie viel Gott ihnen vergeben hat.

Zu behaupten, dein Verhalten oder die Art, wie du andere behandelst, sei ein Persönlichkeitsmerkmal oder Teil deiner

»Begabung«, sind fadenscheinige Ausflüchte des Fleisches. Man kann geradeheraus sein, ohne grob zu werden. Du kannst lernen, die Wahrheit zu sagen und dabei von Liebe motiviert zu sein. Die Bibel sagt, dass wir unser Ego zu Grabe tragen müssen, um wahre Nachfolger Christi zu werden (Lk 9,23–24).

Was passiert, wenn man eine Leiche beleidigt? Nichts. Man kann die Leiche ignorieren, sie beschimpfen, anspucken, treten, und die Leiche wird einfach daliegen. Sie wird nicht reagieren. Und warum? Weil sie tot ist. Wenn es dir schwerfällt, Menschen mit Barmherzigkeit und Gnade zu begegnen, liegt das daran, dass dein Ich noch nicht gestorben, sondern vielmehr quicklebendig ist. Würdest du dich demütigen, das große Ganze betrachten und Gott und sein Reich über deine persönliche Agenda stellen, wäre es nicht so wichtig, was mit dir passiert. Wenn jemand dich kritisieren, Lügen über dich verbreiten und so deine Karriere ruinieren würde, könntest du trotzdem immer noch barmherzig reagieren.

Jesus sagte:

> *Ihre vielen Sünden sind vergeben worden, darum hat sie viel Liebe erwiesen; wem aber wenig vergeben wird, der liebt wenig. — Lukas 7,47*

In diesem Vers sprach Jesus über die Frau, die beim Ehebruch ertappt worden war. Die Pharisäer wollten sie steinigen, aber Jesus war barmherzig (Joh 8,2–11). Als sie hörte, dass Jesus in ihr Heimatdorf zurückgekehrt war und im Hause eines Pharisäers aß, kam sie und fiel ihm zu Füßen. Sie benetzte sie mit ihren Tränen, trocknete sie mit ihrem Haar und salbte sie mit kostbarem Parfüm. Der Pharisäer tadelte Jesus, weil er dachte, Jesus wisse nicht, wer die Frau sei. Jesus sagte jedoch: »Weil dieser Frau viel vergeben worden ist, liebt sie auch viel.«

Ich erinnere mich an die Seelsorge für ein Ehepaar, das Schwierigkeiten hatte, einander zu lieben. Die Frau, eine Christin, beklagte sich, dass ihr Mann hart und verbittert sei – ein zorniger Mann. Ihrer Vorstellung nach sollte ich ihn verurteilen und ihre schlechte Einstellung ihm gegenüber gutheißen. Stattdessen sah ich sie jedoch an und sagte: »Er kann dir nicht geben, was er nicht hat. Du erwartest von ihm, dass er freundlich zu dir ist, dass er in Liebe und Barmherzigkeit handelt, aber er hat nie Freundlichkeit, Liebe oder Barmherzigkeit erfahren. Er weiß nicht, wie sehr Gott ihn liebt, und du hast ihm diese Wahrheit nicht gezeigt.« Dann wandte ich mich dem Mann zu und begann, ihm von der Liebe Gottes zu erzählen. Sobald er Gottes Liebe verstanden hatte, war er in der Lage, sie anzunehmen und sie an seine Frau weiterzugeben.

Wenn es dir schwerfällt, Menschen mit Barmherzigkeit und Gnade zu begegnen, liegt das daran, dass dein Ich noch nicht gestorben ist.

Wir können nicht verschenken, was wir nicht haben. Die meisten von uns verstehen nicht, wie sehr Gott uns liebt, wie sehr er uns vergeben hat. Liebe ist das Gegenteil von Stolz. Jesus sagte, der größte Beweis der Liebe sei, wenn jemand sein Leben für einen anderen hingebe (Joh 15,13). Genau das hat er für uns getan. Und genau dazu fordert er uns – als Kinder Gottes – gegenüber anderen auf. Wir sollen Gottes Charakter widerspiegeln, indem wir unser Leben, unser Hab und Gut, unser eigenes Fortkommen zum Wohle eines anderen zurückstellen.

Wie ich schon sagte, ist Demut ein Prozess. Sie ist nichts, was man von Haus aus mitbringt. Es liegt in unserer Natur, egoistisch zu sein. Wenn ein kleines Baby hungrig ist, weint es. Es ist ihm egal, ob alle anderen im Haus schlafen. Wenn seine Windel gewechselt werden muss, interessiert es sich nicht dafür, ob seine Mutter die ganze Nacht wach war und müde ist. Wenn sich das Baby während des Gottesdienstes langweilt, ist es ihm egal, ob alle anderen versuchen, von Gott zu empfangen; wenn es Aufmerksamkeit will, wird es laut losplärren. Babys sind egoistisch. Sie sind das Zentrum ihres Universums. Und das ist für ein Baby auch völlig in Ordnung. Zu einem Problem wird es dann, wenn Dreißig- oder Vierzigjährige immer noch dieselbe Verhaltensweise an den Tag legen – vor allem, wenn sie wiedergeboren sind.

Liebe ist das Gegenteil von Stolz. Jesus sagte, der größte Beweis der Liebe sei, wenn jemand sein Leben für einen anderen hingebe.

Sobald wir wiedergeboren sind, wird die gefallene menschliche Natur der Selbstsucht durch Gottes Natur der Demut ersetzt (2Kor 5,17). Unsere Aufgabe als Christen ist es, diese neue Natur kennenzulernen und unser Denken dahingehend zu erneuern, dass wir erkennen, wer wir in Christus sind (Röm 12,2). Am einfachsten gelingt uns dies, indem wir auf Jesus schauen. Unsere neue Natur ist mit seiner identisch. In 1. Johannes 4,17 heißt es: »Gleichwie er ist, so sind auch wir in dieser Welt.« Schon jetzt lebt die Fülle der Gottheit in uns (Kol 2,9–10). Wie Gott sind auch wir voller Liebe, Freude, Frieden, Geduld, Freundlichkeit, Güte, Glaube, Sanftmut und Besonnenheit (Gal 5,22–23). Das ist nun unser Wesen, aber wir müssen unser Denken mit dieser Wahrheit in Einklang bringen, um den damit verbundenen Nutzen zu erfahren.

Die wichtigste Aufgabe von Eltern ist es, ihren Kindern beizubringen, dass sich die Welt nicht nur um sie dreht und dass es im Leben nicht nur darum geht, das zu bekommen, was man will. Aber nicht alle Eltern tun, was das Beste für ihre Kinder ist. Viele Eltern tun nur das, was für sie am einfachsten ist. Hast du schon einmal beobachtet, wie ein Kind im Supermarkt einen Wutanfall bekommt? Vielleicht will es Süßigkeiten oder ein Spielzeug, und die Mutter sagt nein. Das Kind schreit und wirft sich auf den Boden, um seinen Willen durchzusetzen. Peinlich berührt gibt die Mutter nach. Sie kauft dem Kind, was es will, und bestärkt es damit in seinem Egoismus.

Unsere heutige Kultur fördert den Egoismus. In unserer Gesellschaft gibt es viele Dreißig-, Vierzig- und Fünfzigjährige, die jeden Tag Wutanfälle haben. Die Wutanfälle mögen ausgefeilter sein als die eines Kindes, das sich auf den Boden wirft, aber es handelt sich dennoch um Wutanfälle. Gott hat uns berufen, anders zu leben. Er hat uns dazu berufen, »dem Ebenbild seines Sohnes gleichgestaltet zu werden« (Röm 8,29). Und so schmerzhaft es auch sein kann, anderen den Vorrang zu geben oder den eigenen Groll um der Barmherzigkeit willen aufzugeben, so sehr freut sich Gott über solches Handeln. Es ist ein greifbarer Ausdruck der Liebe Christi.

KAPITEL 23

Tagtägliche Hingabe

Demut ist ein geistlicher Lernprozess, der Einsatzwille und Hingabe erfordert. Er ist mit tagtäglicher Selbstaufopferung verbunden und mit jederzeitiger Bereitschaft, Verzicht zu üben. Paulus schrieb:

> *Ich ermahne euch nun, Brüder und Schwestern, durch die Barmherzigkeit Gottes, dass ihr euren Leib hingebt als ein Opfer, das lebendig, heilig und Gott wohlgefällig sei. Das sei euer vernünftiger Gottesdienst. — Römer 12,1 LUT*

Paulus wandte sich an Gläubige – nicht an Pastoren, nicht an Missionare, sondern an *alle* Gläubigen. Es spielt keine Rolle, ob Gott dich in die Geschäftswelt oder ins Gesundheitswesen berufen hat. Es kommt nicht darauf an, ob du als Mutter oder als Vollzeitpastor dienst. Wir alle haben unterschiedliche Berufungen, aber Gott hat jeden von uns – unabhängig von Alter und Geschlecht – dazu berufen, ein lebendiges Opfer zu werden. Das ist unser »vernünftiger Gottesdienst« oder unsere normale Christenpflicht. Das ist keine Sache nur für Superheilige, sondern gilt jedem Otto-Normalchristen auf der Welt.

Du wirst nie in vollkommener Demut leben, aber du kannst dich zumindest in diese Richtung aufmachen.

Während ich in Vietnam war, schickten die Vereinigten Staaten den ersten Menschen auf den Mond. Ich war enttäuscht, dass ich die Fernsehsondersendungen und -interviews nicht verfolgen konnte. Als ich zurückkehrte, suchte ich daher nach sämtlichen verfügbaren Informationen über die »Apollo«-Missionen. Später landete ich in der gleichen Fernsehsendung wie James »Jim« Irwin. Jim Irwin betrat 1971 den Mond. Nach seiner Erfahrung im Weltraum widmete er sein Leben Christus. Er schrieb ein Buch über seine Reise und was sie für ihn in geistlicher Hinsicht bedeutete.

Wir alle haben unterschiedliche Berufungen, aber Gott hat jeden von uns – unabhängig vom Alter – dazu berufen, ein lebendiges Opfer zu werden.

Jim und ich tauschten während dieser Fernsehsendung Bücher aus und ich begann, ihn nach Informationen auszuquetschen. Ich wollte wissen, wie die Rakete funktionierte und ob die Mission genau wie geplant verlaufen war. Mit all der Technologie, die der NASA zur Verfügung stand, stellte ich mir einen perfekt koordinierten Ablauf vor. Doch dem war nicht so. Wie Jim erklärte, schoss die NASA ihre Kapsel im Grunde nur ungefähr in Richtung Mond und korrigierte dann viereinhalb Tage lang alle zehn Minuten den Kurs. Manchmal sei der Mond direkt vor ihnen gewesen und sie hätten nicht viel korrigieren müssen. In anderen Fällen befand sich der Mond seitlich, im rechten Winkel zu ihnen und Kurskorrekturen waren nur durch größere Manöver im All zu erreichen. Die Reise der Kapsel zum Mond war alles andere als perfekt!

Jim erzählte mir auch, dass seine Crew eine Ziellandebahn auf dem Mond von 800 km Länge hatte. Als sie gelandet waren und aus der Mondlandefähre stiegen, waren sie gerade noch eineinhalb Meter innerhalb dieser festgelegten Grenze! Während er mir diese

Dinge erklärte, wurde mir klar, dass so wie sie, die alle zehn Minuten eine Kurskorrektur vornehmen mussten, auch wir auf unserem Weg der Demut laufend Kurskorrekturen vornehmen müssen – manchmal alle zehn Minuten!

Tatsächlich in Gang gesetzt hat der Herr diesen Prozess in mir am 23. März 1968. Jener Abend, an dem ich meine Selbstsucht erkannte und beschloss, mich vor dem Herrn zu demütigen, hat mir Schub gegeben und mich in Richtung Mond starten lassen. Aber seither habe ich eine Million Kurskorrekturen vorgenommen! Diese Kurskorrekturen bedeuten nicht, dass ich mich nicht wirklich der Demut hingegeben hätte, denn das habe ich. Aber ich muss mich immer noch jeden Tag mit mir selbst auseinandersetzen. Ich muss mich immer noch bewusst dafür entscheiden, anderen den Vorrang zu geben und die Dinge aus ihrer Perspektive zu betrachten. Das ist ein fortlaufender Prozess. Manchmal versage ich hinsichtlich meines Antriebs oder der Entschlossenheit, mit der ich mich diesem Prozess widme, aber das zeigt nur, dass ich ein Mensch bin. Wenn ich versage, tue ich einfach Buße und nehme eine Kurskorrektur vor (1Joh 1,9).

Das ist so ähnlich wie bei Diäten. Menschen, die mit ihrem Gewicht kämpfen, machen diese extremen Diäten und peinigen sich selbst für eine kurze Zeitspanne. Die Ergebnisse stellen sich zwar ein, aber sobald die Diät vorbei ist, kehren sie zu ihren alten Essgewohnheiten zurück und landen wieder dort, wo sie angefangen haben. Manche nehmen nach einer Diät sogar noch weiter zu. Wer sein Gewicht wirklich unter Kontrolle halten will, muss lernen, seine Ess- und Bewegungsgewohnheiten für den Rest seines Lebens im Griff zu haben, nicht nur für ein paar Wochen. Das Gleiche gilt für die Hingabe als lebendiges Opfer. Es genügt nicht, sich einmal zu demütigen und zu denken, damit sei alles erledigt. Demut ist ein Lebensstil.

Seinen Brief an die Römer führte Paulus mit diesen Worten fort:

Und stellt euch nicht dieser Welt gleich, sondern ändert euch durch Erneuerung eures Sinnes, auf dass ihr prüfen könnt, was Gottes Wille ist, nämlich das Gute und Wohlgefällige und Vollkommene. — Römer 12,2 LUT

Wenn wir ein lebendiges Opfer werden und den Prozess der Erneuerung unseres Denkens beginnen, sagt Paulus, lernen wir zu prüfen »was Gottes Wille ist, nämlich das Gute und Wohlgefällige und Vollkommene«. Das geschieht stufenweise. Wir wachsen. Wir gelangen nicht über Nacht von der Erde auf den Mond, genauso wenig wie wir in einer Sekunde von null auf tausend Stundenkilometer kommen können. Das wäre keine Beschleunigung, sondern ein Totalschaden!

Wenn der Herr mir am 23. März 1968 alles gezeigt hätte, was ich im Laufe meines Lebens würde überwinden müssen – all meine falschen Einstellungen, die vielen Male, die ich mich in Demut üben musste –, hätte mich das erdrückt. Ich glaube nicht, dass ich damit hätte umgehen können. Wahrscheinlich hätte ich aufgegeben. Aber Gott sei gelobt, er ist barmherzig und zeigt uns die Dinge immer nur einen Schritt nach dem anderen!

Demut ist wesentlicher Bestandteil eines engen, vertrauten Umgangs mit dem Herrn (Mi 6,8; Am 3,3). Du kannst nicht wirklich mit Gott zusammen sein und das Leben genießen, das Gott dir zugedacht hat, wenn du aus Hochmut heraus handelst. Paulus sagte: »Denn obwohl ich mich rühmen möchte, werde ich kein Narr sein« (2Kor 12,6 KJV). In der Bibel ist ein Narr gleichbedeutend mit einer Person, die nicht an Gott glaubt bzw. ihm nicht vertraut. Zweimal sagte David: »Der Narr spricht in seinem Herzen: ›Es gibt keinen Gott!‹« (Ps 14,1; 53,2). Als Paulus also sagte, er werde kein

Narr sein, meinte er damit: »Ich werde nicht wie ein Verirrter reden oder handeln. Ich werde nicht prahlerisch reden wie jemand, der Gott nicht kennt.«

Als die Schriftgelehrten und Pharisäer Jesus nicht glauben wollten, fragte er sie: »Wie könnt ihr glauben, die ihr Ehre voneinander nehmt und die Ehre von dem alleinigen Gott nicht sucht?« (Joh 5,44). Mit anderen Worten: Wenn menschliche Meinungen und die Anerkennung durch andere für uns wertvoller sind als Gottes Sicht der Dinge, ist es uns unmöglich, zu glauben. Versteh mich nicht falsch. Natürlich sollen wir unsere Mitmenschen lieben. Wir müssen positive Beziehungen zu ihnen aufbauen, damit wir ihnen ein Segen sein können. Doch wir müssen in unserer Hingabe an Gott auch an einen Punkt kommen, der uns sagen lässt: »Wenn Gott es sagt, werde ich es tun. Es spielt keine Rolle, ob jemand anderes es versteht oder gutheißt.«

Du kannst nicht wirklich mit Gott zusammen sein
und das Leben genießen, das Gott dir zugedacht hat,
wenn du aus Hochmut heraus handelst.

Schauen wir uns im Gesamtzusammenhang an, was Jesus zu dieser Aussage gegenüber den Pharisäern veranlasste. Sie hatten ihn kritisiert und gefragt: »Mit welcher Vollmacht tust du diese Wunder? Und wer hat dir diese Vollmacht gegeben?« Jesus sagte daraufhin:

Ihr erforscht die Schriften, weil ihr meint, in ihnen das ewige Leben zu haben; und sie sind es, die von mir Zeugnis geben. Und doch wollt ihr nicht zu mir kommen, um das Leben zu empfangen. Ich nehme nicht Ehre von Menschen, aber bei euch habe ich erkannt, dass ihr die Liebe Gottes nicht in euch habt. Ich bin im Namen meines Vaters gekommen, und ihr nehmt mich nicht an. Wenn ein anderer in seinem eigenen Namen kommt, den werdet ihr annehmen. Wie könnt ihr glauben, die ihr Ehre voneinander nehmt und die Ehre von dem alleinigen Gott nicht sucht? — Johannes 5,39–44

Wer stets aufs eigene Lob bedacht ist, kann kein Mensch des Glaubens sein und sollte nicht erwarten, in den Genuss der Wohltaten zu kommen, die Gottes Gnade bereithält. Demut ist ein wesentlicher Bestandteil des Glaubens. Sie bedeutet, das Selbst loszulassen – sie lässt uns eigene Ziele und Interessen zurückstellen, persönliche Vorstellungen und Abhängigkeiten aufgeben und rückt stattdessen Gott und sein Wort an erste Stelle. Demut verlässt sich auf Gott, verherrlicht ihn und vertraut seinem Wort. Wir können nicht in biblischem Glauben handeln, wenn wir das Lob und die Anerkennung der Menschen suchen. Das bedeutet nicht, dass Gott von irgendeinem von uns Perfektion erwartet. Er hält einfach nur Ausschau nach Menschen, deren Herz ganz auf ihn ausgerichtet ist.

Denn die Augen des HERRN durchstreifen die ganze Erde, um sich mächtig zu erweisen an denen, deren Herz ungeteilt auf ihn gerichtet ist. — 2. Chronik 16,9a

Paulus, der wohl einflussreichste der Apostel und derjenige, den Gott dazu gebrauchte, fast die Hälfte aller Bücher des Neuen Testaments zu schreiben, sagte, er wolle sich »rühmen« (2Kor 12,6). So demütig Paulus auch war, so viel Gnade er auch empfangen hatte, er hatte immer noch mit Stolz und selbstsüchtigem Ehrgeiz zu kämpfen. Er hatte immer noch das fleischliche Verlangen, sich selbst zu rühmen, aber er weigerte sich, diesem Verlangen nachzugeben und ein Narr zu sein. Brüder und Schwestern, solange wir in einem fleischlichen Körper leben, werden wir versucht sein, uns selbst zu rühmen und stolz zu sein. Wir werden immer wieder Kurskorrekturen vornehmen müssen. Aber unsere Hingabe an den Herrn – unser Bekenntnis zur Demut – darf nicht wanken.

Vielleicht hast du beim Lesen dieses Buches festgestellt, dass du dich Gott noch nie als lebendiges Opfer dargebracht hast. Vielleicht hat dich das Vernommene zum Umdenken gebracht und dich veranlasst, anders über Demut und Stolz zu denken. Vielleicht ist dir inzwischen klar geworden, wie selbstsüchtig dein Leben bisher war und wieso es für dich so schwierig ist, Beförderung und Gunst zu erfahren. Wenn ja, dann ist es Zeit, durchzustarten. Es gilt jetzt, die richtige Richtung einzuschlagen.

Mach doch gleich den Anfang, indem du Folgendes betest:

Vater Gott, ich bringe mich dir heute als lebendiges Opfer dar. Ich weiß, dass ich mein eigenes Ich nicht allein überwinden kann, deshalb krabble ich auf den Altar und bitte dich, dass du mich verzehrst – mein Ich verzehrst –, so wie du die Opfer von einst verzehrt hast. Zeige mir, wie sehr du mich liebst, wie viel du mir vergeben hast, damit auch ich andere lieben und ihnen vergeben kann. Ich demütige mich. Ich stelle dich an erste Stelle. Ich werde deinem Wort vertrauen und gehorchen. Hilf mir jetzt, andere so zu sehen, wie du sie siehst, und ihre Bedürfnisse über die meinen zu stellen. Danke für die Kraft des Heiligen Geistes, der mich deine Wege erkennen lässt und mir hilft, meine Hingabe an dich im Alltag auszuleben. In Jesu Namen.

Amen! Weißt du, wenn man sich dazu entschließt, in Demut zu leben, ist es, als stünde man in einer Schlammpfütze. Jedes Mal, wenn du versuchst, einen Fuß sauberzumachen, wird der andere schmutzig. Man braucht jemanden, der einen aus dem Schlamm heraushebt und festhält, damit man beide Füße gleichzeitig reinigen kann. Ebenso verhält es sich, wenn du die Entscheidung triffst, das eigene Ich zu Grabe zu tragen – damit fängt der eigentliche Prozess erst an. Morgen schnappt dir vielleicht jemand die Parklücke weg. Oder vielleicht lastet dir ein Kollege an, viel zu radikal zu sein. Dein Kind könnte einen Trotzanfall bekommen, während du in der Schlange vor dem Bankschalter wartest. Du brauchst den Heiligen Geist, der dich in diesen Momenten dazu befähigt, dein Bekenntnis, Gott zu lieben und andere über dich selbst zu stellen, in die Tat umzusetzen. Ohne ihn ist das unmöglich. Du wirst frustriert sein und dich am Ende beschämt fühlen. Doch Gott ist treu; der Heilige Geist ist mit dir. Er wird dein treuer Beistand sein und alle Dinge möglich machen (Joh 14,26; Mt 19,26).

Ich demütige mich. Ich stelle dich an erste Stelle.
Ich werde deinem Wort vertrauen und gehorchen.
Hilf mir jetzt, andere so zu sehen, wie du sie siehst,
und ihre Bedürfnisse über die meinen zu stellen.

KAPITEL 24

Demut und Glaube

Einmal schrieb eine Frau an den Dienst wegen der Art und Weise, wie wir mit kostenlosem Lehrmaterial verfahren. Sie erklärte: »Ich weiß, dass Sie Ihre Kassetten gratis abgeben, aber ich möchte nichts geschenkt bekommen. Ich zahle für das, was ich brauche. Bitte schicken Sie mir drei Kassetten und die Rechnung dazu.« Wir schickten ihr die gewünschten Aufnahmen, legten aber keine Rechnung bei. Sie schrieb daraufhin: »Die Kassetten haben mir gefallen, aber Sie haben mir keine Rechnung geschickt. Ich möchte drei weitere Kassetten bestellen. Addieren Sie die Kosten dafür zu meiner ursprünglichen Bestellung und schicken Sie mir die Gesamtrechnung zusammen mit den Bändern. Ich bezahle meine Sachen.« Wir schickten ihr also drei weitere Kassetten, aber keine Rechnung. Sie schrieb uns erneut, diesmal wütend: »Ich bin keine Schmarotzerin! Ich bezahle für das, was ich erhalte. Schicken Sie mir eine Rechnung für meine Kassetten, oder ich werde mich nie wieder an diesen Dienst wenden!«

Also schickte ich ihr eine Kassette mit einer persönlichen Botschaft, in der ich auf ihr Anliegen einging. Ich sagte ihr: »Ich setze keinen Preis für meine Lehreinheiten fest. Sie sind mehr Geld wert, als Sie haben. Wir machen Spendenvorschläge in angemessener Höhe, aber ich werde Ihnen mein Material nicht verkaufen und Ihnen auch keine Rechnung schicken. Bitte nehmen Sie es als Geschenk an. Wenn es Sie segnet und Sie eine Spende zum Segen des Dienstes schicken möchten, werden wir diese gerne entgegennehmen. Aber Sie können für dieses Material nicht bezahlen.« Ich glaube, wir haben nie wieder etwas von dieser Dame gehört. Aber genau so funktioniert das Schenken. Geschenke kann man nicht kaufen, und man kann sie sich auch nicht verdienen. Sie werden unentgeltlich und ohne Verpflichtung gegeben.

Gottes Gnade ist ein Geschenk. Er hat alles für uns bereitgestellt, kostenlos und frei von Auflagen. Aber es liegt an uns, uns zu demütigen und sein Geschenk im Glauben anzunehmen. Das macht den Glauben eigentlich aus – Demut. Wenn ein Mensch zu Gott kommt und sagt: »Ich habe dies und das getan, und jetzt musst du darauf reagieren«, spricht aus ihm der Stolz. Gott widersteht den Stolzen; den Demütigen schenkt er seine Gnade (Jak 4,6).

Geschenke kann man nicht kaufen, und man kann sie sich auch nicht verdienen. Sie werden unentgeltlich und ohne Verpflichtung gegeben.

Ich kann mich nicht erinnern, schon einmal jemanden gehört zu haben, der diese Verbindung zwischen Glauben und Demut herstellt, aber es gibt eine Reihe von Bibelstellen, die beides miteinander verknüpft. In Römer 5,2 (LUT) heißt es zum Beispiel: »Durch ihn haben wir auch den Zugang im Glauben zu dieser Gnade, in der wir stehen, und rühmen uns der Hoffnung auf die Herrlichkeit, die Gott geben wird.« Wir haben Zugang zur Gnade durch den Glauben, durch Demut.

Der Römerbrief ist Paulus' Meisterwerk über das Thema Gnade. In den ersten vier Kapiteln schildert Paulus, was es bedeutet, an Gott zu glauben. Dann veranschaulicht er anhand der Beispiele Abrahams und Davids, wie der Glaube im Verhältnis zur Gnade funktioniert. Er zeigt uns, dass Abraham nicht perfekt war, weil er aber Gott glaubte, ihm Gott seinen Glauben als Gerechtigkeit anrechnete (1Mo 15,6; Röm 4,3). Abraham hatte all das, was Gott in seinem Leben tat, nicht verdient. Es war ein Geschenk der Gnade. Paulus beschreibt dann Davids Leben im Hinblick auf seinen Glauben, sein Versagen und Gottes Gnade. Paulus greift Davids Gedanken aus Psalm 32,2 auf und sagt: »Glücklich ist der, dem der Herr die Sünden nicht mehr anrechnet« (Röm 4,8 NLB). Und darauffolgend, in Römer 5,2, platziert Paulus diese gewaltige Aussage:

> *Durch ihn haben wir auch den Zugang im Glauben zu dieser Gnade, in der wir stehen, und rühmen uns der Hoffnung auf die Herrlichkeit, die Gott geben wird.*

Das griechische Wort, das hier mit *Zugang* übersetzt wird, bedeutet wörtlich »Eintritt« (*Strong's Concordance*). Wenn man zum Beispiel einen Film im Kino anschauen will, braucht man eine Eintrittskarte, die man bezahlen muss. Unser Eintritt in die Gnade erfordert eine »Bezahlung« mit unserem Glauben als Währung. Verbinden wir dies mit Jakobus' Aussage, dass Gott den Demütigen Gnade schenkt (Jak 4,6), sehen wir, wie alles zusammenhängt. Wahre Demut bedeutet, auf Gott zu vertrauen, und wahrer Glaube bedeutet, in Demut auf Gott zu reagieren. Zu viele Menschen versuchen, sich die Gnade Gottes zu erarbeiten, aber Gnade wird nur dann verfügbar, wenn wir uns aus freiem Entschluss in Glauben und Vertrauen demütigen. Wir können uns die Gnade Gottes nicht verdienen, denn sie ist nicht von unserem Wohlverhalten abhängig. Sie hängt nicht von der Häufigkeit unserer Kirchenbesuche oder von unserem Zehnten ab. Gottes Gnade hängt allein von der Demut ab. Wir müssen uns demütigen und über unsere

Leistung – und auch über unser Versagen – hinausschauen, um seiner Gnade zu vertrauen und an sie zu glauben.

Oft bekomme ich von Leuten zu hören: »Ich weiß, dass Gott heilt. Ich weiß, dass es sein Wille ist, mich zu heilen. Aber ich sehe nichts davon. Ich versteh das einfach nicht. Ich lebe heilig. Ich habe das Wort Gottes bekannt. Ich gehe in die Kirche. Ich zahle meinen Zehnten. Warum hat Gott mich noch nicht geheilt?« Und ich muss ihnen dann sagen: »Du bist nicht geheilt, weil du auf deine eigene Gerechtigkeit vertraust. Du hast nur all die Dinge aufgezählt, die du tust, um Gott zu gefallen; du hast nichts von dem erwähnt, was Jesus getan hat. Du denkst, wenn du fünfhundert Mal das Wort Gottes bekennst und die Schritte 1 bis 5 ausführst, werde Gott dadurch zum Handeln verpflichtet. Das ist kein Glaube. Das ist Nötigung. Darin zeigt sich einfach nur der Stolz. Man kann Gottes Gnade ausschließlich als Geschenk empfangen.«

Ich habe auch schon Aussagen gehört wie: »Seht euch nur dieses Auto an, das Gott mir geschenkt hat! Ich habe geglaubt, dass ich es bekomme. Ich habe einen Monat lang voll meinen Glauben eingesetzt, und zack – da war es!« Solche Leute mögen Gott zwar als die eigentliche Quelle benennen, aber hört man ihnen zu, stellt man fest, dass sie in Wirklichkeit glauben, ihre Werke und ihr Glaubensbekenntnis hätten ihnen ein Auto beschert. Versteh mich jetzt nicht falsch. Ich bin von der Wichtigkeit des Glaubens überzeugt. Ich glaube auch, dass wir unseren Glauben bekennen müssen. Und ich glaube, dass unser Glaube durch Hören der gesprochenen Wahrheit aktiviert wird. Doch wahrer Glaube ist nie von Stolz durchdrungen.

Ich habe mal einen Mann getroffen, der sich zur Buße für seine Sünden selbst schlug. Er zeigte mir seine Hände, Arme und Knie, die mit Narben übersät waren. In der katholischen Kirche in seinem Heimatland war es üblich, dass man als Gläubiger in der Karwoche seinen Körper demütigte. Manche verzichteten auf Fleisch, andere ließen sich geißeln. Einige boten sich sogar als Kreuzigungsopfer an. Dieser Mann sagte, seine Narben kämen davon, dass er auf Händen und Knien fünf Kilometer weit über Glasscherben gekrochen sei.

Diese Dinge sind eine Beleidigung für Gott! Sie zeugen von Stolz. Auch wenn diese Menschen es gut meinen mögen, schmälern sie damit das Werk, das Jesus am Kreuz für sie getan hat. Sie denken, ihr Opfer wecke Gottes Erbarmen und bringe ihn dazu, sie anzunehmen. Eine wirklich demütige Haltung wäre es, zu sagen: »Gott, ich kann nichts tun, um meine Sünden zu sühnen. Danke, dass du Jesus geschickt hast, um zu tun, was ich nicht tun konnte. Ich demütige mich und empfange deine Gnade im Glauben.«

Paulus schrieb:

> *Jetzt aber ist ohne Mitwirkung des Gesetzes Gottes Gerechtigkeit offenbart worden, bezeugt durch das Gesetz und die Propheten: Gottes Gerechtigkeit aber durch den Glauben Jesus Christi für alle und auf alle, die glauben. Denn es ist kein Unterschied, denn alle haben gesündigt und ermangeln der Herrlichkeit Gottes und werden umsonst gerechtfertigt durch seine Gnade, durch die Erlösung, die in Christus Jesus ist. — Römer* 3,21–24 ELB

Und jetzt sieh dir an, was er in Vers 27 sagte:

> *Wo bleibt nun der Ruhm? Er ist ausgeschlossen. Durch was für ein Gesetz? Der Werke? Nein, sondern durch das Gesetz des Glaubens.*

Wahrer Glaube schließt jedes Eigenlob aus. Der biblische Glaube ist demütig. Er ist frei von Stolz. Er macht sich völlig abhängig von Gott und gibt ihm alle Ehre. Er versucht nicht, zu eigenem Ruhm zu gelangen oder sich selbst Ehre zu verschaffen. Menschen, die Bußwerke verrichten – sei es, indem sie ihrem Körper Schmerzen zufügen oder ihre lange Liste christlicher »Pflichten« abarbeiten –, werden hochmütig. Sie sind stolz auf ihre Heiligkeit und ihre Schmerzen, und sie nähern sich Gott mit einer Haltung, die sagt: »Du schuldest mir etwas.« Wenn dann ihre Gebete nicht erhört werden, lässt sie das wütend auf Gott werden. Sie haben das Gefühl, Gott habe sie im Stich gelassen.

Sie sind stolz auf ihre Heiligkeit und ihre Schmerzen, und sie nähern sich Gott mit einer Haltung, die sagt: »Du schuldest mir etwas.«

Ich habe schon miterlebt, wie Menschen mitten in einem Heilungsgottesdienst ihren eigenen Glauben zerstörten. Gott ist mächtig am Wirken – Menschen werden geheilt, blinde Augen werden sehend und taube Ohren öffnen sich –, doch anstatt sich darüber zu freuen, murren manche Leute vor sich hin: *Ich will ein Wort von Gott. Ich möchte von Gott berührt werden. Warum bekomme ich das nicht? Wie kommt es, dass Gott im Leben anderer Menschen wirkt und nicht in meinem?* Ihr Egoismus stößt die Gnade Gottes ab, und sie verlassen diese Gottesdienste eher frustriert als ermutigt.

Aber Demut betrachtet die Situation aus einem anderen Blickwinkel – so als stünde sie in der Warteschlange und wäre als Nächste dran. Wenn du zum Beispiel zur Bank gehst, um Geld abzuheben, regst du dich auch nicht auf, wenn die Person in der Schlange vor dir ihre Transaktion zuerst abschließt. Du weißt, dass die Bank trotzdem noch genügend Geld vorrätig hat. Du denkst einfach: *Ich komme auch gleich dran.*

Das Gleiche gilt für Gottes Gnade; es steht ein gutgefülltes Depot für dich bereit. Reg dich also nicht auf, wenn jemand anderes eine Abhebung macht. Demütige dich. Freu dich mit denen, die sich freuen (Röm 12,15), und preise Gott, dass du als Nächster an der Reihe bist! Das ist biblischer Glaube.

Nicht Gott wird durch Glauben in Bewegung gebracht. Er ist nicht derjenige, der festhängt! Gott ist vor 2000 Jahren zu unserem Wohl aktiv geworden. Durch Jesus sorgte er für Erlösung, Heilung, Frieden, Befreiung und Versorgung für die ganze Welt. Es ist vollbracht. Jetzt müssen *wir* uns entscheiden, entweder zu glauben und diese Versorgung als Geschenk zu empfangen oder zu zweifeln und darauf zu verzichten. Glaube bewegt nicht Gott, sondern biblischer Glaube bewegt uns. Er bringt uns dazu, uns zu demütigen und auf Gott zu reagieren.

Wenn du zur Bank gehst, um Geld abzuheben, regst du dich nicht auf, wenn die Person in der Schlange vor dir ihre Transaktion zuerst abschließt. Du weißt, dass die Bank trotzdem noch genügend Geld vorrätig hat. Du denkst einfach: Ich komme auch gleich dran.

Egal, ob du dich in Selbstmitleid wälzt oder in Selbstgerechtigkeit schwelgst, du musst darüber hinauswachsen und dich demütigen, damit dein Glaube wirksam werden kann. Bete dieses Gebet:

Vater, ich demütige mich. Ich werde das, was du vollbracht hast, nicht von dem, was ich getan habe, in den Schatten stellen lassen. Dein Opfer ist unendlich größer als meine Sünde, deine Gerechtigkeit unendlich besser. Ich lasse mein Ich außer Acht. Wie Paulus erachte ich meine Taten, die guten wie die schlechten, für Dreck (Phil 3,8) und konzentriere mich ganz auf Christus. Ich weiß, dass ich deiner Gnade nicht würdig bin, aber ich demütige mich jetzt und nehme sie an. Amen.

KAPITEL 25

Demut ist konsequent

Gegen Ende des Dienstes von Apostel Paulus rief der Herr ihn nach Jerusalem. Auf dem Weg dorthin machte Paulus in Milet (einer Stadt in Griechenland) Halt und bat die Ältesten der Gemeinde in Ephesus, sich mit ihm dort zu treffen. Zu dieser Zeit könnte die Gemeinde in Ephesus bis zu 100.000 Gläubige umfasst haben, die sich in den Häusern der Stadt trafen. In jedem Haus gab es einen Ältesten, der sich um die Anwesenden kümmerte und Timotheus unterstand. All diese Leiter – vielleicht Hunderte von ihnen – versammelten sich bei Paulus in Griechenland. Es war in gewisser Weise die erste Pastorenkonferenz.

Paulus begann, diese Leiter zu ermutigen, indem er sagte:

> *Ihr wisst, wie ich mich vom ersten Tag an, als ich Asia betrat, die ganze Zeit unter euch verhalten habe, dass ich dem Herrn diente mit aller Demut, unter vielen Tränen und Anfechtungen, die mir widerfuhren durch die Nachstellungen der Juden; und wie ich nichts verschwiegen habe von dem, was nützlich ist, sondern es euch verkündigt und euch gelehrt habe, öffentlich und in den Häusern, indem ich Juden und Griechen die Buße zu Gott und den Glauben an unseren Herrn Jesus Christus bezeugt habe.*
> *— Apostelgeschichte 20,18b–21*

Manche mögen diese Aussage als Zeichen von Stolz ansehen, aber Paulus hat sich nicht selbst gerühmt. Er wies ausdrücklich auf seine Demut hin (Apg 20,19). Er ermutigte diese Leiter, seinem Beispiel hinsichtlich der Nachfolge Christi zu folgen (1Kor 11,1). Paulus verlangte nicht von ihnen, perfekt zu sein. Im Philipperbrief sagte er: »Ich schätze mich selbst nicht so ein, dass ich's ergriffen habe. Eins aber sage ich: Ich … jage nach dem vorgesteckten Ziel, dem Siegespreis der himmlischen Berufung Gottes in Christus Jesus« (Phil 3,13–14). Paulus war nicht perfekt, aber er machte weiter. Er hielt am Glauben fest (2Tim 4,7). Er war konsequent. Deshalb nutzte Paulus die Gelegenheit, diese Leiter zu ermutigen, es ihm gleichzutun. Er wollte, dass sie dem Herrn weiterhin »mit aller Demut« dienten, immer in Unterordnung und Abhängigkeit von Gott, indem sie ihm die Ehre gaben, aber niemals verleugneten, wie er sie gebrauchte.

Nur sehr wenige würden sich auf Situationen einlassen, von denen sie wüssten, dass sie ihnen Hass einbrächten; die meisten würden nicht die Wahrheit sagen, wenn diese Wahrheit sie ins Gefängnis brächte. Aber Paulus wusste, dass solche Dinge kommen würden.

Paulus wusste, dass er von diesen Männern bald Abschied nehmen und sich in eine Brutstätte der Verfolgung begeben würde (Apg 20,22–23). Jerusalem war zu jener Zeit Hochburg der jüdischen Gesetzlichkeit; dort hassten sie die Botschaft Christi. Die Juden hatten den Bruder Jesu, Jakobus, getötet. Sie hatten Petrus ins Gefängnis geworfen, und die verbliebenen Jünger waren in alle Himmelsrichtungen zerstreut und predigten das Evangelium überall, wohin sie kamen. Aus Paulus' Sicht bestand die große Wahrscheinlichkeit, dass er diese Männer nie mehr wiedersehen würde (Apg 20,25). Deshalb sagte er, er habe nichts verschwiegen, was nützlich wäre (Apg 20,20). Paulus hatte diesen Männern den ganzen Ratschluss Gottes verkündet. Er war zuversichtlich, dass es ihnen gelingen würde, die Gemeinde auch ohne ihn zu leiten, wenn sie an ihrem demütigen Glauben festhielten.

Ich denke, es ist für uns wichtig zu verstehen, wie viel Demut Paulus in diesem Moment bewies. Die meisten Menschen hätten sich nicht auf den Weg nach Jerusalem gemacht, wenn sie gewusst hätten, dass dort Gefängnis und Leid auf sie warteten. Nur sehr wenige würden sich auf Situationen einlassen, von denen sie wüssten, dass sie ihnen Hass einbrächten; die meisten würden nicht die Wahrheit sagen, wenn diese Wahrheit sie ins Gefängnis bringen könnte. Aber Paulus wusste, dass solche Dinge kommen würden. Trotzdem ging er hin. »Auf das alles nehme ich keine Rücksicht«, sagte er (Apg 20,24). Paulus war entschlossen, Gott zu dienen, ungeachtet seines eigenen Wohlergehens. Wenn der Dienst für Gott bedeutete, dass er verleumdet, ins Gefängnis geworfen, ausgepeitscht und mit Ruten geschlagen oder gesteinigt und dem Tod überlassen werden würde, war Paulus dennoch bereit, all das zu ertragen. Er hatte sein altes Ich sterben lassen.

> *Aber auf das alles nehme ich keine Rücksicht; mein Leben ist mir auch selbst nicht teuer, wenn es gilt, meinen Lauf mit Freuden zu vollenden und den Dienst, den ich von dem Herrn Jesus empfangen habe, nämlich das Evangelium der Gnade Gottes zu bezeugen. — Apostelgeschichte 20,24*

Wow.

Ein demütiger Mensch schätzt sein Leben nicht als lieb und teuer ein. Versteh das bitte nicht falsch. Damit ist nicht gemeint, dass wir unseren Körper malträtieren oder missachten sollen. Wir sind der Tempel des Herrn und sollten uns um unseren Körper kümmern (1Kor 6,19). Hier geht es also nicht darum, in Extreme zu verfallen. Dennoch sollten wir uns selbst nicht so sehr lieben, dass unser Glaube durch mögliches Leid erschüttert oder ins Wanken gebracht wird. Wir müssen die Wahrheit lieben. Wir müssen die Menschen um uns herum so sehr lieben, dass wir bereit sind, die Wahrheit in Liebe auszusprechen, ungeachtet der Konsequenzen. Es ist die Wahrheit, die Menschen frei macht (Joh 8,32).

Wir müssen die Wahrheit lieben. Wir müssen die Menschen um uns herum so sehr lieben, dass wir bereit sind, die Wahrheit in Liebe auszusprechen, ungeachtet der Konsequenzen. Es ist die Wahrheit, die Menschen frei macht.

Paulus war von dem Gedanken an Verfolgung unbeeindruckt. Sein Leben war ihm nicht lieb und teuer. Er war ein Diener des Herrn und bereit, sein Leben um des Evangeliums willen hinzugeben. Er baute am Reich Gottes, nicht an seinem eigenen.

Wie ich hörte, sagte Billy Graham einmal, der Wendepunkt in seinem Dienst sei 1949 eingetreten, als er in Los Angeles war. Der Herr sprach zu ihm und sagte: »Billy, als Heiliger Geist gibst du eine sehr schlechte Figur ab.« Billy Graham sagte, diese Worte hätten ihn zutiefst getroffen. Ihm sei klar geworden, dass er versucht hatte, Menschen zum Glauben zu überreden, anstatt dem Heiligen Geist die Möglichkeit zu lassen, sie zum Vater zu ziehen. So wie er es verstand, forderte Gott ihn zur Vereinfachung auf. »Ich habe dich nicht dazu berufen, der Heilige Geist zu sein«, sagte Gott zu ihm. »Ich habe dich nur dazu berufen, die Wahrheit zu sagen.« Es wird berichtet, dass Billy Graham von da an nicht mehr versuchte, Menschen vom Glauben zu überzeugen. Er begann einfach, die Wahrheit zu verkünden und ließ den Heiligen Geist sein Werk verrichten. Er predigte, was er in der Bibel sah, und überließ Gott die Resultate. Und die waren mehr als beeindruckend!

Als ich anfing, mich fest auf die Wahrheit des Wortes Gottes zu stellen und diese auszusprechen, bekam ich eine Menge Ablehnung zu spüren. Meine Familie dachte, ich sei verrückt. Freunde distanzierten sich von mir und ich wurde aus der Kirche ausgeschlossen. Ich weiß noch, wie ich einige Zeit später das Haus einer Frau angestrichen habe, die Mitglied einer Gemeinde war, die derselben Denomination angehörte wie die Gemeinde, aus der ich hinausgeworfen worden war. Als ich ihr während der Arbeit Zeugnis gab, fragte sie: »Warum sind Sie jemals aus ihrer Gemeinde ausgetreten? Wir brauchen junge Männer wie Sie. Sie hätten nicht gehen sollen.«

»Ich bin nicht freiwillig gegangen«, sagte ich. »Man bat mich zu gehen, als ich die Taufe im Heiligen Geist empfing.«

»Meinen Sie das Reden in anderen Sprachen?«, fragte sie.

»Das gehört dazu«, antwortete ich.

»Man hätte Sie wohl auch aus meiner Gemeinde hinausgeworfen!«, erklärte sie.

Also zeigte ich ihr die Schriftstelle im Ersten Korintherbrief, in der es heißt: »Das Reden in Sprachen verhindert nicht« (1Kor 14,39). »Es steht hier in der Bibel«, fügte ich hinzu.

Daraufhin sagte sie todernst und trocken: »Es gibt viele Dinge in der Bibel, an die wir nicht glauben.«

Ich wusste nicht, wie ich darauf reagieren sollte. Wie redet man mit einer Person, die sich nicht dafür interessiert, was die Bibel zu sagen hat? Traurigerweise denken auch viele andere Christen so. Sie haben zugelassen, dass die Traditionen der Menschen (ihrer Konfessionsgemeinschaft) Gottes Wort wirkungslos machen (Mk 7,8). Sie sind weder konsequent noch demütig. Sie lassen sich durch mögliche Konflikte verunsichern. Sie wollen sich nicht der Ablehnung und Kritik stellen, die ein Leben in Demut – im Glauben – mit sich bringt. Paulus aber sagte:

> *Sorgt euch um nichts, sondern bringt in jeder Lage betend und flehend eure Bitten mit Dank vor Gott! Und der Friede Gottes, der alles Verstehen übersteigt, wird eure Herzen und eure Gedanken in Christus Jesus bewahren. — Philipper 4,6–7* EÜ

Wenn wir den Frieden Gottes erfahren wollen, dürfen wir um nichts besorgt sein. Wir dürfen uns keine Gedanken über die Probleme machen, die uns morgen begegnen könnten, oder darüber, wie die Menschen vielleicht reagieren werden. Wir müssen uns demütigen und uns Gottes Wort unterstellen, die Wahrheit konsequent und in Liebe aussprechen und dementsprechend handeln – und es Gott überlassen, was er aus alldem macht.

Im Jahr 2009 sagte mir der Herr, ich müsse etwas unternehmen, um unser Bibelcollege angemessen unterzubringen. Es platzte aus allen Nähten und stand kurz vor dem Kollaps. Ich wollte gern sein Wachstum weiter fördern und es nicht auflösen müssen. Lange Rede, kurzer Sinn: Der Herr öffnete mir die Tür zu 157 Hektar Land in Woodland Park, Colorado. Zu dem Grundstück gehörte ein wunderschönes, bereits bestehendes Sommerhaus, und während wir auf dessen Veranda standen und um Weisheit beteten, rief ich den Immobilienmakler an und machte ihm ein Angebot.

Er sagte: »Es liegt bereits ein anderes Angebot auf dem Tisch, das höher ist als Ihres. Wenn Sie diese Immobilie wirklich wollen, müssen wir uns jetzt beeilen! Ich werde den Papierkram vorbereiten, aber ich brauche heute noch Ihre Unterschriften, sonst wird es nichts mit dem Zuschlag.«

Ich bin mir nicht sicher, ob das, was er sagte, der Wahrheit entsprach, aber ich erklärte ihm: »Ich habe es nicht eilig. Wenn es das ist, was Gott für uns will, werden wir es bekommen. Wenn nicht, wird sich etwas Besseres ergeben. Ich werde keine voreilige Entscheidung treffen.«

Als einer meiner Begleiter meine Antwort hörte, sagte er: »Ich weiß, hier ist Gott am Werk. Wäre das eine rein menschliche Sache – würdest du hier nur dein eigenes Ding durchziehen –, dann sähe deine Reaktion anders aus. Du wärst unter Druck geraten, sofort zu handeln. Dieser Friede, den du hast, das ist Gott.« Wie inzwischen bekannt, war dieses Grundstück auch tatsächlich das, was Gott uns zugedacht hatte. Wir kauften es im September 2009 und nannten es *The Sanctuary.*

Wenn es in deinem Leben nur um dich und deine Bequemlichkeit geht, ist es, als wärst du auf einem Laufband gefangen – es ist anstrengend, aber du weißt, dass es dich auf die Nase drischt, wenn du aufhörst, dich zu bewegen.

Indem er seine Sorge an Gott übergab, konnte Paulus angesichts der Verfolgung standhaft bleiben. Er konnte Frieden haben und seinen Weg mit Freude zu Ende gehen, weil er sich selbst gestorben war (Apg 20,24). Wenn es in deinem Leben nur um dich und deine Bequemlichkeit geht, ist es, als wärst du auf einem Laufband gefangen – es ist anstrengend, aber du weißt, dass es dich auf die Nase drischt, wenn du aufhörst, dich zu bewegen, also läufst du einfach weiter. Dagegen ist es überaus erholsam, wenn man ans Ende seiner selbst kommt und anfängt, auf Gott zu reagieren, anstatt ihm eine Reaktion abringen zu wollen. Allein darum geht es bei der Demut.

KAPITEL 26

Gnade in Zeiten der Not

Doch er gibt noch größere Gnade; darum heißt es auch: Gott tritt den Stolzen entgegen, den Demütigen aber schenkt er Gnade. — Jakobus 4,6 EÜ

Gott schenkt den Demütigen Gnade und noch mehr Gnade. Aber seine Gnade ist nicht nur dazu da, dich auf dem Treppchen eine Stufe höher zu bringen. Der Hebräerbrief sagt uns in Kapitel 4 Vers 16, dass wir vor den Thron Gottes treten sollen – und das geht nur in Demut –, »damit wir Barmherzigkeit erlangen und Gnade finden zu rechtzeitiger Hilfe«. Die Gnade Gottes stärkt uns. Sie befähigt uns, über unsere Umstände und die Verfolgung in diesem Leben hinauszuwachsen und Gottes Willen zu erfüllen. Paulus sagte: »Gott ist es, der in euch sowohl das Wollen als auch das Vollbringen wirkt nach seinem Wohlgefallen« (Phil 2,13). Die *New International Version* übersetzt diesen Vers so:

Denn Gott ist es, der in euch sowohl den Wunsch als auch die Fähigkeit erzeugt, das zu tun, was ihm gefällt.

Abgesehen von Jesus hat Paulus wahrscheinlich mehr »Gnade zu rechtzeitiger Hilfe« erfahren als jeder andere Mensch in der Bibel. Er war auch einer der demütigsten. Er verließ sich auf Gott. Er war nicht selbstsüchtig oder ungehorsam. Er strebte nicht nach eigenem Ruhm oder seinem persönlichen Reich. Er war ein treuer Zeuge, der dankbar und unbeirrbar war. Und er sagte:

> *»Zwar wäre ich, wenn ich mich rühmen wollte, deshalb nicht töricht, denn ich würde die Wahrheit sagen. Ich enthalte mich aber dessen, damit niemand mehr von mir hält, als was er an mir sieht oder von mir hört. Und damit ich mich wegen der außerordentlichen Offenbarungen nicht überhebe, wurde mir ein Pfahl fürs Fleisch gegeben, ein Engel Satans, dass er mich mit Fäusten schlage, damit ich mich nicht überhebe.«*
> *— 2. Korinther 12,6–7*

Er war nicht selbstsüchtig oder ungehorsam. Er strebte nicht nach eigenem Ruhm oder seinem persönlichen Reich. Er war ein treuer Zeuge, der dankbar und unbeirrbar war.

Die meisten Christen missverstehen, was Paulus hier gesagt hat. Sie denken, Stolz habe ihn von seinen »außerordentlichen Offenbarungen« sprechen lassen. Daraus schließen sie, sein »Pfahl fürs Fleisch« sei Gottes Methode gewesen, ihn zu demütigen. Das ist falsch. Offenbarung von Gott verursacht keinen Stolz. Wissen bläht auf (1Kor 8,1); Offenbarung macht demütig. Paulus sagte nur die Wahrheit – er hatte tatsächlich eine Fülle von Offenbarungen empfangen. Gott hatte ihm das Evangelium der Gnade erschlossen und anvertraut (Gal 2,7). Hätte Paulus dies geleugnet, wäre er damit zum Lügner geworden. Nur weil Paulus demütig war, konnte er diese Offenbarungen von Gott überhaupt empfangen.

Paulus sagte, sein »Pfahl fürs Fleisch« sei ein »Engel Satans«. Es handelte sich nicht um eine Krankheit. Es war keine Botschaft von Gott, mit der er Paulus wegen seines Stolzes verwarnte. Gott gibt uns keine Krankheit. Er führt keine Ehescheidungen oder geschäftlichen Misserfolge herbei. Die Bibel lehrt, dass Bedrängnisse und Verfolgungen kommen, um uns das Wort zu stehlen (Mk 4,16–17). Der Ausdruck »Pfahl fürs Fleisch« bezieht sich auf Verfolgung – so wie auch andere Bibelstellen, wo von einem Stachel oder Dorn zu lesen ist (4Mo 33,55; Jos 23,13; Ri 2,3). Bei Paulus' Pfahl handelte es sich also um Verfolgung. Es ging dabei um Satan, der sein Möglichstes tat, um die »außerordentlichen Offenbarungen« zu unterdrücken und Paulus zum Schweigen zu bringen. Satan wollte nicht, dass andere die erstaunliche Botschaft des Evangeliums zu hören bekämen, also sorgte er dafür, dass Paulus Schiffbruch erlitt, dass er gesteinigt, geschlagen, ausgepeitscht und ins Gefängnis geworfen wurde und auf seinen vielen Reisen ständig in Todesgefahr geriet (2Kor 11,23–28). Paulus nannte diese Dinge »Zeichen meiner Schwachheit« (2Kor 11,30 ELB). Aber man beachte, wie er damit umging:

> *Seinetwegen habe ich dreimal den Herrn gebeten, dass er* (gemeint ist der Engel Satans) *von mir ablassen soll. Und er hat zu mir gesagt: Lass dir an meiner Gnade genügen, denn meine Kraft wird in der Schwachheit vollkommen!*
> — *2. Korinther 12,8–9*

Paulus betete. Er trat zum Thron der Gnade, um Barmherzigkeit und Hilfe in Zeiten seiner Not zu finden (Hebr 4,16). Und der Herr antwortete ihm mit »Lass dir an meiner Gnade genügen« (2Kor 12,9). Dann fügte Paulus noch hinzu:

Darum will ich mich am liebsten vielmehr meiner Schwachheiten rühmen, damit die Kraft des Christus bei mir wohne. Darum habe ich Wohlgefallen an Schwachheiten, an Misshandlungen, an Nöten, an Verfolgungen, an Ängsten um des Christus willen; denn wenn ich schwach bin, dann bin ich stark. — 2. Korinther 12,9b–10

Ich habe mal mit einer Frau telefoniert, die auf meine Frage »Wie geht es Ihnen?« mit einem »Ich bin schwach in ihm« antwortete. Das hat mich sehr überrascht. Die meisten Menschen wollen nicht über ihre Schwächen sprechen. Aber wenn wir erkennen, dass wir schwach sind, dass wir aus eigener Kraft nichts zu tun vermögen, macht uns das stark. Solange wir unsere eigenen Erfolgsmeldungen lesen und von unseren eigenen Fähigkeiten überzeugt sind, sind wir anfällig für Stolz (Spr 16,18). Wenn wir aber erkennen, dass wir nur durch die Gnade Gottes etwas von bleibendem Wert erreichen können, versetzt uns das in eine Position der Stärke. (Dies ist eine der Möglichkeiten, zu erkennen, ob man tut, wozu Gott einen berufen hat – Gott beruft Gläubige immer zu Dingen, die über ihr eigenes Können hinausgehen.)

Dem natürlichen Verstand erscheint die Vorstellung von Schwäche und gleichzeitiger Stärke unsinnig. Aber für den Demütigen zeugt sie von Gnade. Wenn wir uns auf Gott verlassen – wenn wir demütig sind –, lassen wir seine Kraft für uns wirksam werden (2Chr 16,9). Paulus hat das verstanden. Er erkannte, dass der Zweck der Gnade darin besteht, uns in Zeiten der Not zu helfen. Das Problem ist nur, dass die meisten Christen Demut lediglich als Randnotiz wahrnehmen. Sie warten, bis sie mit dem Rücken zur Wand stehen und die Umstände sie zu verschlingen drohen, bevor sie sich demütigen und zum Thron der Gnade laufen. Das ist der Hauptgrund, warum Menschen mit Depressionen kämpfen.

Sie suchen nach den physischen, biochemischen Gründen für ihre Depression und erkennen nicht, dass die wahre »organische« Lösung Demut heißt.

Depressive Menschen sind meist ganz auf sich und ihre Situation fokussiert. Deshalb nehmen sie häufig nur wahr, was sie alles *nicht* haben. Wenn es anderen gut geht, denken sie: *Warum nicht mir?*, anstatt sich mit ihnen zu freuen. Das ist Stolz.

Wir haben früher ein Lied gesungen, das »Count Your Blessings« (Zähle deine Segnungen auf) hieß. Es ging so:

Zähle deine Segnungen auf, nenne sie eine nach der anderen.
Zähle deine Segnungen auf, sieh, was Gott getan hat!
Zähle deine Segnungen auf, nenne sie eine nach der anderen,
Zähle deine vielen Segnungen auf, sieh, was Gott getan hat.
— von Johnson Oatman Jr.

Aus meiner Kindheit weiß ich noch, dass die Leute in der Kirche aufstanden, um zu bezeugen, wie ihnen dieses Lied geholfen hat. Ich erinnere mich an eine Frau, die davon erzählte, wie sie über die Schmerzen in ihren Füßen geklagt hatte – bis sie eine Person ohne Füße sah! Da erkannte sie, wie gesegnet sie war, und ihre Einstellung änderte sich. Wenn Menschen, die unter Depressionen leiden, diese Haltung einnehmen und ihren Blickwinkel ändern würden, wären sie überrascht, wie gut ihr Leben wirklich ist. Wenn sie sich demütigen und sich dem Thron der Gnade vertrauensvoll (im Glauben) nähern würden, könnten sie Gnade empfangen, die sie überwinden ließe.

Ich habe mal gehört, dass die langen roten Haare von Mary, der Königin von Schottland, in der Nacht vor ihrer Enthauptung aufgrund ihrer Angst und Sorge schlohweiß wurden. Falls das der Wahrheit entspricht, muss ihr neurochemisches Gleichgewicht völlig aus den Fugen geraten sein. Aber es war nicht dieses neurochemische Ungleichgewicht, das sie in Angst und Sorge versetzte. Es waren die Angst und die Sorge, die ihr neurochemisches Ungleichgewicht verursachten.

Das Gleiche gilt für Depressionen. Ich bezweifle nicht, dass Menschen mit Depressionen ein neurochemisches Ungleichgewicht haben, aber nicht das neurochemische Problem verursacht ihre Depression. Ihre Depression – die negative Fokussierung auf die eigene Person – ist die Ursache für das neurochemische Problem. Betroffene können dann entweder Medikamente schlucken, um die Depression symptomatisch zu behandeln, oder sie können das Problem mithilfe von Demut an der Wurzel packen und es besiegen.

Es ist unmöglich, deprimiert zu sein, wenn du auf all das konzentriert bleibst, was Jesus für dich getan hat. Ganz gleich, wie schlimm deine Situation ist, Jesus hat dich genügend geliebt, um den Himmel zu verlassen und ein Mensch zu werden. Er hat dich genügend geliebt, um Ablehnung und seine Tötung zu ertragen. Und er liebte dich genug, um aus dem Grab zurückzukehren und dir durch Glauben Zugang zu seiner Gnade zu geben (Röm 5,2). Du hast freien Zugang. Gottes Gnade gehört dir. Sie wartet nur darauf, dass du dich demütigst und sie an seinem Thron findest.

Jeden Tag in Demut und Dankbarkeit zu leben, ist der Schlüssel, um mehr Gnade von Gott zu empfangen. Ich bin nicht der begabteste Mensch auf der Welt, aber Gott hat sich in meiner Schwäche als stark erwiesen, indem er einige der talentiertesten Leute um mich versammelt hat, die mir je begegnet sind. Wenn wir darüber sprechen, wie wir die Vision des Dienstes erfüllen können, werfen sie oft mit Fachbegriffen um sich, die ich gar nicht verstehe. Dann muss ich sie unterbrechen, um ihnen erst einmal Fragen zu stellen.

Ich weiß, ich bin nicht die hellste Kerze auf der Torte und auch nicht der klügste Kopf im Raum, aber Gott hat mir Gnade geschenkt, das zu tun, was ich tue. Und ich habe gelernt, dass ich mich nicht verstellen muss, um bei den Menschen um mich herum Eindruck zu schinden, sondern dass ich einfach nur in dieser Gnade ruhen darf. Die Erkenntnis, dass Gott mich dazu berufen hat, das Wort Gottes zu lehren, und andere dazu, die geschäftliche und rechtliche Seite des Dienstes zu verwalten, versetzt mich in eine Position der Stärke. Solange ich mich demütige und bei dem bleibe, was Gott mir aufgetragen hat, wird er mir Gnade schenken – mir die Menschen geben, die mir helfen, das zu tun, wozu ich *nicht* berufen bin. Ich muss einfach nur weiter mit Gott zusammenzuarbeiten.

Gottes Gnade gehört dir. Sie wartet nur darauf, dass du dich demütigst und sie an seinem Thron findest.

Wir benötigen mehr Gnade, um die Dinge zu tun, zu denen Gott uns berufen hat, und die Menschen zu sein, die wir sein sollen. Und Gott sei gelobt, er hat uns diese Gnade bereits zur Verfügung gestellt (2Petr 1,3). Wir brauchen nichts weiter zu tun, als uns zu demütigen und sie zu empfangen (Jak 4,6).

Vater, wir lieben dich und nehmen demütig und bereitwillig das uns eingepflanzte Wort auf, das die Kraft hat, unsere Seelen zu erretten (Jak 1,21). Auch wenn diese Lehre allem widerspricht, was wir in unserer Kultur sehen, hilf uns zu erkennen, dass dies keine Botschaft der Ablehnung und Zurückweisung ist, sondern eine Botschaft der Liebe und der Disziplin. Denn welcher Vater diszipliniert oder korrigiert nicht diejenigen, die er liebt (Hebr 12,7)? Vater, wir wissen, dass du uns liebst. Wir wissen, dass du deine Gnade auf uns ausgießen willst, also demütigen wir uns und entscheiden uns, mit den Gesetzen deines Reiches zu kooperieren. Wir legen die Sorge um unsere Familie, unsere Arbeit und unsere Zukunft in deine Hände. Wir vertrauen dir, dass du dich um all das kümmerst. Herr, wir geben unseren Stolz auf und beschließen, dir unseren Leib als lebendiges Opfer darzubringen (Röm 12,1). Lehre uns, dankbar zu sein. Lehre uns, treue Zeugen zu sein und in deiner unveränderlichen Güte zu ruhen. Danke für die Gnade, dass wir bei Bedarf Kurskorrekturen vornehmen können. Wir lieben dich und bitten um diese Dinge in dem Wissen, dass du uns hörst (1Joh 5,14–15). In Jesu Namen, amen.

EMPFANGE JESUS ALS DEINEN RETTER

Jesus Christus als deinen Herrn und Retter anzunehmen, ist die wichtigste Entscheidung, die du jemals treffen wirst! Gottes Wort verspricht:

> *Denn wenn du mit deinem Mund Jesus als den Herrn bekennst und in deinem Herzen glaubst, dass Gott ihn aus den Toten auferweckt hat, so wirst du gerettet. Denn mit dem Herzen glaubt man, um gerecht zu werden, und mit dem Mund bekennt man, um gerettet zu werden. — Römer 10,9–10. Denn: »**Jeder, der den Namen des Herrn anruft, wird gerettet werden**«. — Römer 10,13*

In seiner Gnade hat Gott bereits alles getan, um dir Errettung anbieten zu können. Dein Teil besteht einfach nur darin, zu glauben und zu empfangen. Bete laut:

> *Jesus, ich bekenne, dass du mein Herr und Retter bist. Ich glaube in meinem Herzen, dass Gott dich von den Toten auferweckt hat. Im Glauben an dein Wort empfange ich jetzt die Errettung. Danke, dass du mich erlöst hast!*

Im selben Moment, in dem du dein Leben Jesus Christus übergibst, erfüllt sich augenblicklich die Wahrheit seines Wortes in deinem Geist. Weil du von neuem geboren bist, besitzt du jetzt ein völlig neues Ich!

EMPFANGE DEN HEILIGEN GEIST

Dein dich liebender himmlischer Vater möchte dir als seinem Kind die übernatürliche Kraft geben, die du brauchst, um dieses neue Leben auch auszuleben.

Denn jeder, der bittet, empfängt; und wer sucht, der findet; und wer anklopft, dem wird aufgetan. … wie viel mehr wird der Vater im Himmel [den] Heiligen Geist denen geben, die ihn bitten! — Lukas 11,10.13b

Alles, was du tun musst, ist bitten, glauben und empfangen! Bete:

Vater, ich erkenne, dass ich deine Kraft brauche, um dieses neue Leben auszuleben. Bitte erfülle mich mit deinem Heiligen Geist. Im Glauben empfange ich ihn genau jetzt! Danke, dass du mich getauft hast. Heiliger Geist, du bist in meinem Leben willkommen!

Gratuliere – du bist jetzt mit Gottes übernatürlicher Kraft erfüllt! Einige Silben einer dir unbekannten Sprache werden nun aus deinem Herzen zu deinem Mund aufsteigen. Wenn du sie im Glauben laut aussprichst, setzt du Gottes Kraft in deinem Inneren frei und erbaust dich selbst im Geist (1Kor 14,4.14). Du kannst dies tun, wann und wo immer du möchtest!

Es spielt eigentlich keine Rolle, ob du etwas gespürt hast oder nicht, als du gebetet hast, um den Herrn und seinen Geist zu empfangen. Wenn du in deinem Herzen geglaubt hast, dass du empfangen hast, dann ist es auch so, denn Gottes Wort verspricht: »Darum sage ich euch: Alles, was ihr auch immer im Gebet erbittet, glaubt, dass ihr es empfangt, so wird es euch zuteilwerden!« (Mk 11,24). Gott ist seinem Wort immer treu. Glaub es!

Bitte nimm Kontakt zu uns auf und lass es uns wissen, wenn du eines oder beide dieser Gebete gebetet hast. Wir würden uns gern mit dir freuen und dir ein Geschenk zusenden, das dir hilft, deine neue Beziehung zum Herrn zu verstehen und darin zu wachsen.

Damit wollen wir dir einfach sagen: *Willkommen in deinem neuen Leben!*

ÜBER DEN AUTOR

Als **Andrew Wommack** am 23. März 1968 der übernatürlichen Liebe Gottes begegnete, wurde sein Leben für immer verändert. Seit vielen Jahrzehnten bereist Andrew Amerika und die Welt und lehrt die Wahrheit des Evangeliums. Seine tiefe Offenbarung von Gottes Wort vermittelt er mit Klarheit und Schlichtheit. Dabei legt er seinen Schwerpunkt auf Gottes bedingungslose Liebe und das Gleichgewicht zwischen Gnade und Glauben. Mit seinem Programm auf *GospelTruth.TV* erreicht er fast die Hälfte der Weltbevölkerung. 1994 gründete er das *Charis Bible College* (Charis) und hat seither Charis-Standorte in verschiedenen Großstädten Amerikas und weltweit eröffnet. Andrew hat eine Fülle an Lehrmaterial in gedruckter Form und im Audio- und Videoformat veröffentlicht, von dem das meiste kostenlos von seiner Website abgerufen werden kann.

Du kannst das AWM-Team per Brief, Mail
oder Telefon kontaktieren:

Andrew Wommack Ministries gGmbH
Postfach 56 03 02, 60407 Frankfurt am Main, Deutschland
info@andrewwommack.de | +49 69 64357850
Gebets-Hotline: +49 69 643578578
www.andrewwommack.de

Gospel Truth

mit Andrew Wommack

Veränderte **Herzen**

Erneuertes **Denken**

Verändertes **Leben**

Zeugnisse kommen von Menschen aus aller Welt, die sich in das Wort Gottes vertieft haben.

Sieh Andrew Wommack in der täglichen *Gospel Truth* Fernsehsendung.

Du findest die lokalen Sendezeiten und kannst die Sendungen online unter andrewwommack.de/video oder awmi.net/video anschauen.

CHARIS®
BIBLE COLLEGE
Verändere dein Leben.
Verändere die *Welt*.
Erfahre mehr über das Charis Bible College unter **charisbiblecollege.de** oder schreib uns eine E-Mail an **info@charisbiblecollege.de** oder ruf uns an unter **+49 69 643 578 540**.
Das Charis Bible College hat Standorte in den Vereinigten Staaten und rund um den Globus. Um den Campus in deiner Nähe zu finden, besuche **CharisBibleCollege.org/campus-locations**.

Die Macht deiner Vorstellungskraft

Oft beten Gläubige ohne sichtbaren Erfolg. Das liegt daran, dass ihnen die Macht ihrer Vorstellungskraft nicht bewusst ist! Lass dir von Gott ein Bild deiner Zukunft vor dein geistiges Auge malen. Dann kann dich nichts aus der Bahn werfen und du siehst dich immer auf der Gewinnerseite!

159 Seiten, Paperback, ISBN 978-3-95933-216-3
Auch als E-Book erhältlich.

Wie man auf dem Wasser geht

Warum erleben manche Leute Wunder und andere nicht? Um wie Petrus auf dem Wasser zu gehen und Wunder zu erleben, musst du zuerst aus dem Boot steigen. Erfahre, was Andrew aus Gottes Wort über das Leben im Übernatürlichen gelernt hat, und werde auch du ein Mensch, der auf dem »Wasser« geht!

120 Seiten, Paperback, ISBN 978-3-95933-210-1
Auch als E-Book erhältlich.

Heilung: Gottes Wille für dich

Jesus hat den Preis für unsere Heilung ebenso bezahlt wie für die Vergebung unserer Sünden. Heilung ist zentraler Teil seines Erlösungswerks. Erfahre, was Gott uns in seiner bedingungslosen Liebe und Gnade alles schon zur Verfügung gestellt hat, und erhalte Antworten auf häufige Fragen.

211 Seiten, Paperback, ISBN 978-3-95933-218-7
Auch als E-Book erhältlich.

Du hast schon alles, was du brauchst!

Wie so viele andere hast du bestimmt schon einmal gedacht: *Ich tue doch alles, was ich kann, um den Sieg zu erleben – warum nur klappt es nicht?* Doch Gottes Antwort basiert nicht auf dem, was du tust, sondern auf dem, was Jesus getan hat! Erkenne diese Wahrheit – und werde frei!

264 Seiten, Paperback, ISBN 978-3-95933-220-0
Auch als E-Book erhältlich.

Ein verhärtetes Herz

Ein verhärtetes Herz verhindert, dass wir die Stimme des Herrn hören und uns in unserem Alltag von ihm leiten lassen. Der Zustand unseres Herzens hängt davon ab, worauf unsere Aufmerksamkeit gerichtet ist. Verschaffe dir Klarheit, wie Glaube und Unglaube sich zueinander verhalten.

102 Seiten, Paperback, ISBN 978-3-95933-230-9
Auch als E-Book erhältlich.

Begrenze Gott nicht

Kann man Gott begrenzen? Gottes Wort sagt: Ja, man kann – und wir tun es auch! Andrew beschreibt, inwiefern er es tat und wie er diese Begrenzung aufhob. Lerne von seiner inspirierenden Geschichte und aus der Bibel, wie das geht, und gelange zu einer neuen Sicht auf Gott und dich selbst.

129 Seiten, Paperback, ISBN 978-3-95933-228-6
Auch als E-Book erhältlich.

Die Vollmacht des Gläubigen

Die Vollmacht des Gläubigen in Christus wird heute in Kirchen und Gemeinden kontrovers diskutiert. Andrew erläutert diesen Aspekt des Christenlebens aus einem Blickwinkel, der bisher Erlerntes in ein neues Licht rückt. Entdecke wahre geistliche Vollmacht, die zu echten Resultaten führt!

244 Seiten, Paperback